AVALIAÇÃO em EDUCAÇÃO

questões epistemológicas e práticas

Dados Internacionais de Catalogação na Publicação (CIP)
(Câmara Brasileira do Livro, SP, Brasil)

Luckesi, Cipriano Carlos
  Avaliação em educação : questões epistemológicas e práticas / Cipriano Carlos Luckesi. — São Paulo : Cortez, 2018.

Bibliografia.
ISBN 978-85-249-2685-3

1. Aprendizagem 2. Aprendizagem - Avaliação 3. Educação - Finalidade e objetivos 4. Ensino 5. Epistemologia 6. Professores - Formação I. Título.

18-18252   CDD-370

Índices para catálogo sistemático:

1. Aprendizagem : Avaliação : Educação   370

Cibele Maria Dias - Bibliotecária - CRB-8/9427

Cipriano Carlos Luckesi

AVALIAÇÃO em EDUCAÇÃO
questões epistemológicas e práticas

O QUE APRENDI EM CINQUENTA ANOS DE VÍNCULOS COM ESSE TEMA

AVALIAÇÃO EM EDUCAÇÃO: questões epistemológicas e práticas
o que aprendi em cinquenta anos de vínculos com esse tema
Cipriano Carlos Luckesi

Capa: de Sign Arte Visual
Preparação de originais: Marcia Nunes
Revisão: Maria de Lourdes de Almeida
Projeto gráfico e diagramação: Linea Editora
Projeto especial: Elaine Nunes
Coordenação editorial: Danilo A. Q. Morales

Nenhuma parte desta obra pode ser reproduzida ou duplicada
sem autorização expressa do autor e do editor.

© 2018 by Autor

Direitos para esta edição
CORTEZ EDITORA
Rua Monte Alegre, 1074 — Perdizes
05014-001 — São Paulo-SP
Tel.: +55 11 3864 0111 / 3803 4800
e-mail: cortez@cortezeditora.com.br
www.cortezeditora.com.br

Impresso no Brasil — agosto de 2018

Gratidão à minha esposa, Regina, pelos anos de vida em comum e múltiplas aprendizagens; gratidão a meus filhos, netos e netas. Todos me ensinaram e continuam a me ensinar.

Gratidão a todos que, nos cinquenta anos de dedicação ao tema da avaliação em educação, de alguma forma, me possibilitaram chegar às compreensões expostas neste livro.

SUMÁRIO

Introdução 11

Capítulo 1   O ato de avaliar: epistemologia e método 21
1. O ato de avaliar é constitutivo do ser humano 24
2. Considerações epistemológicas sobre o ato de avaliar 27
3. Fontes histórico-filosóficas para a compreensão do ato de avaliar 32
   3.1   Filosofia antiga e medieval: ser e valor, fenômenos equivalentes 33
   3.2   Filosofia moderna e contemporânea: ser e valor, fenômenos distintos 42
4. Passos metodológicos da investigação avaliativa 46
   4.1   Primeiro passo do ato de avaliar: definir o objeto de investigação e o padrão de qualidade admitido como satisfatório 46
   4.2   Segundo passo do ato de avaliar: produzir uma descritiva da realidade como base para a identificação de sua qualidade 49
   4.3   Terceiro passo do ato de avaliar: atribuir qualidade à realidade descrita 52
Concluindo 54

Capítulo 2   Uso dos resultados da investigação avaliativa....... 57
1. Usos diagnóstico, probatório e seletivo dos resultados da
   investigação avaliativa 59
2. Inter-relação entre os usos diagnóstico, probatório e
   seletivo dos resultados da avaliação 64
3. Curva estatística como recurso de leitura dos dados da
   investigação avaliativa 67
Concluindo 71

Capítulo 3   Avaliação da aprendizagem na escola:
             vicissitudes conceituais, históricas e práticas 73
1. Sobre o ato de avaliar a aprendizagem na escola 76
2. Usos dos resultados da avaliação da aprendizagem em
   nossas escolas 81
   2.1   Uso seletivo 81
   2.2   Uso diagnóstico 89
3. Como chegamos ao modelo de uso seletivo dos resultados
   da avaliação da aprendizagem em nossas escolas 93
4. Possibilidades do uso diagnóstico dos resultados da
   avaliação da aprendizagem 112

Capítulo 4   Avaliação da aprendizagem e democratização
             social 115
1. Ensino escolar e democratização no Brasil 119
2. A estarrecedora exclusão na educação brasileira 121
3. Avaliação em educação: parceira do educador na arte de
   ensinar e aprender 128
Concluindo 130

Capítulo 5   Avaliação da aprendizagem: questões
             epistemológicas 133
1. Planejamento da investigação avaliativa da aprendizagem ... 135
2. Coleta de dados para a avaliação da aprendizagem 141
   2.1   Sistematicidade do conteúdo abordado 144
   2.2   Linguagem compreensível 146
   2.3   Compatibilidade entre ensinado e aprendido 147
   2.4   Precisão 150
3. A qualificação da aprendizagem do estudante 151
4. Uso dos resultados da avaliação 152

Capítulo 6   Avaliação da aprendizagem e níveis de
             escolaridade 155
1. Avaliação da aprendizagem na Creche e na Educação
   Infantil 158
2. Avaliação da aprendizagem no Ensino Fundamental,
   Médio, EJA e Superior 159
3. Avaliação na pós-graduação 161
4. Equívocos a serem evitados no que se refere à avaliação da
   aprendizagem 162
Concluindo 167

Capítulo 7   Tipificação da avaliação em educação: uma
             questão epistemológica 169
1. Tipificação da avaliação com base nos momentos da ação .. 171
2. Tipificação da avaliação com base na dimensão do tempo
   — avaliação processual e avaliação contínua 175
3. Tipificação da avaliação com base no uso dos seus
   resultados 179

4. Tipificação da avaliação com base na filosofia da educação que configura o projeto pedagógico 181
5. Tipificação da avaliação com base no sujeito que a pratica .. 185
Concluindo 187

Capítulo 8   Avaliação institucional e de larga escala 189
1. Avaliação institucional 192
2. Avaliação de larga escala 195
Concluindo 204

Capítulo 9   Para além de todas as compreensões teóricas: o educador e o estudante 205
1. O educador 206
2. Ensinar e aprender 212
Concluindo 225

Encerrando este estudo 227

Referências 229

INTRODUÇÃO

Torno público o presente livro em comemoração aos cinquenta anos de meus vínculos com a área de estudos da Avaliação em Educação, seja investigando-a sob variados focos, seja escrevendo e publicando livros, artigos em revistas, assim como via as redes sociais de comunicação, seja ainda participando de múltiplos eventos pedagógicos e científicos por todo o país, desde o ano de 1973 até a presente data.

Esta introdução tem dois focos. O primeiro refere-se à jornada pela qual cheguei onde me encontro no presente momento da vida no que se refere à temática abordada neste livro; o segundo está comprometido com o seu conteúdo.

Inicio pelo relato de acontecimentos vinculados ao primeiro foco.

Meus contatos iniciais com a área de estudos da avaliação em educação deram-se no decurso do mês de julho de 1968. Havia feito estudos e formação religiosa no Seminário Menor de Sorocaba, SP, onde percorri um ano de escolaridade dedicado aos estudos e aprendizagens relativos à Admissão ao Ginásio (1956), quatro anos de Ginásio (1957-1960) e três anos de Colégio (1961-1963). A seguir, iniciei os estudos de Filosofia, no Seminário Maior, sediado em Aparecida do Norte, SP, mantido pela Arquidiocese de São Paulo (1964). Por essa ocasião, cursava as disciplinas dentro do Seminário, mas, ao mesmo tempo, encontrava-me matriculado da Faculdade de Filosofia e Ciências e Letras de Lorena, SP, mantida pelos Padres Salesianos, através de um Convênio entre a Arquidiocese de São Paulo e essa instituição de Ensino Superior, ou seja, a Faculdade reconhecia as atividades docentes e discentes sob a égide de suas responsabilidades oficiais, ainda que elas ocorressem sob o teto do Seminário. Para todos os efeitos, nossos estudos tinham um aval oficial.

Em finais do ano de 1964, o Arcebispo de São Paulo, D. Agnelo Rossi, decidiu encerrar a experiência do Seminário Maior de Aparecida do Norte, recambiando essa instituição para São Paulo, no espaço do Seminário Central do Ipiranga, de onde havia saído, alguns anos antes. Então, deixei de ser estudante de uma instituição oficial, permanecendo com os estudos exclusivamente reconhecidos como uma instituição religiosa católica. Permaneci matriculado no Seminário Imaculada Conceição, também denominado Seminário Central do Ipiranga, entre os anos de 1965 e 1968, quando, ao final desse ano, deixei os estudos religiosos, destinados à formação de um padre diocesano.

No período que permaneci no Seminário Central do Ipiranga, percorri mais dois anos de formação filosófica, complementando o ano anterior, realizado em Aparecida do Norte. A formação filosófica dentro do Seminário era feita em três anos de estudos. A seguir, percorri os dois primeiros anos do Curso de Teologia (1967-1968), período que compunha os estudos para o Bacharelado nessa área de conhecimentos. Em fins de 1968, obtive o Diploma de Bacharel em Teologia, pela Pontifícia Universidade Católica de São Paulo, PUC/SP, instituição à qual o Seminário Central do Ipiranga estava vinculado academicamente.

No decurso do ano de 1968, decidi retomar os estudos oficiais de Filosofia, vínculo interrompido no final do ano de 1964, em conformidade com registro feito logo acima nesta introdução, à medida que os estudos ocorridos exclusivamente no seio do Seminário, após o retorno à cidade de São Paulo, não tinham validade oficial. Nessas circunstâncias, matriculei-me na Faculdade Nossa Senhora Medianeira, mantida pelos Padres Jesuítas, na cidade de São Paulo, procedendo transferência dos estudos anteriormente realizados na Faculdade Salesiana de Lorena, tendo em vista retomar o Curso oficial de Licenciatura em Filosofia.

Matriculei-me em disciplinas oferecidas para os períodos de férias, cujas aulas ocorriam no mês de julho de um ano (no caso, julho/1968) e, a seguir, eram complementadas no mês de janeiro do ano seguinte (no caso, janeiro/1969).

Nesse período letivo, o padre jesuíta Godeardo Baquero estava oferecendo uma disciplina curricular, da Faculdade Nossa Senhora Medianeira, para estudantes de variadas Licenciaturas, intitulada "Complementos Pedagógicos", cujo conteúdo, naquela oportunidade, era Medidas Educacionais. O livro didático adotado para estudo do conteúdo da disciplina era de sua autoria. Havia sido publicado, nesse mesmo ano, pelas Edições Loyola, SP, cujo título é *Testes psicométricos projetivos: esquemas para construção, análise e avaliação*. Ainda tenho o exemplar do livro, com anotações pessoais da época; afinal, uma relíquia em minha história de vida.

Na segunda orelha desse livro, lê-se que "o Professor Godeardo Baquero, além de Licenciado em Filosofia e Letras pela Universidade Central de Madrid, doutorou-se em Psicologia pela Universidade Javeriana de Bogotá. Fez curso de Pós-Graduação sobre "Tests and Measurements", em Princeton, no "Educational Testing Service", New Jersey, EUA, e em vários outros centros universitários dos Estados Unidos".

E, nessa mesma segunda orelha, há a informação de que o referido professor, no ano de 1968, quando fui estudante em uma de suas turmas, atuava em tempo integral na Faculdade de Educação, da Universidade de Brasília, ensinando Psicometria e Estatística Aplicada. Antes, ensinara na Universidade Javeriana de Bogotá e na Universidade Pedagógica Nacional da Colômbia.

O referido professor é espanhol e, na ocasião em que fui estudante matriculado na turma dos referidos Complementos Pedagógicos, era sacerdote vinculado à Companhia de Jesus e estava radicado no Brasil, desde 1957.

Desejo registrar na introdução deste livro meu profundo agradecimento ao Professor Godeardo Baquero por ter me iniciado nos estudos dessa temática. Um professor que amava aquilo que fazia e, por isso, conseguia que todos nós, seus estudantes, nos interessássemos plenamente pelos conteúdos que ensinava.

Com este livro, comemoro meus cinquenta anos de atuação na área, assim como comemoro ter sido estudante sob a orientação de sábio e vibrante professor; tão vibrante que continuo vinculado ao tema com o qual entrei em contato e, cujos conteúdos, iniciei a aprender em suas aulas. Claro, em cinquenta anos, "muitas águas passaram por debaixo da ponte", como expressa o ditado, porém, o início de meu vínculo com esse tema deu-se há muito tempo, nas salas de aula da Faculdade Nossa Senhora Medianeira, sob a orientação e ensino desse professor. Gratidão sempre!

Minha vinda para Salvador e residência nessa mesma cidade tem uma história, que, de alguma forma, expressa vínculos com os estudos da avaliação em educação. No início do ano de 1968, participei de uma Campanha de Alfabetização, promovida por um padre irlandês, residente em Pilão Arcado, na época paróquia da Diocese de Juazeiro, Bahia. Um amigo, originário de Belém do São Francisco, PE, também sob a jurisdição da mesma Diocese, havia me convidado para essa empreitada. Após dúvidas, acolhi o convite e lá fomos nós, de ônibus, São Paulo-Salvador; cinquenta horas de viagem; depois, Salvador-Juazeiro da Bahia, mais dez horas de viagem; a seguir, Juazeiro-Remanso, BA, em torno de seis horas de viagem, trasladados por um "ônibus pára-pára" e por estradas de terra batida; por último, Remanso-Pilão Arcado, BA, viajando em um jipe por dois dias, mais uma noite dormida ao relento, em um período de chuvas, com o Rio São Francisco transbordando e se espraiando pela caatinga. Uma aventura. Esse último trecho da viagem tinha curta distância, em torno de 60 quilômetros, mas as estradas eram precárias, vicinais, somadas aos trechos quase que intransponíveis em decorrência das chuvas. Antes de partir para Pilão Arcado, vivenciei uma semana de hospedagem em Salvador, BA, onde fiz vários e bons amigos.

A Campanha de Alfabetização ocorreu no distrito de Barreirinho, município de Pilão Arcado, 60 quilômetros distante de sua sede, onde viviam 12 famílias. Nesse lugar vivi por um mês e meio. Sair de lá? Só quando viessem me buscar. Dediquei-me à tarefa para a qual fora convidado, porém acredito que mais recebi do que dei. As diferenças socioculturais entre minha formação pessoal, em cidades do Estado de São Paulo, e a cultura e a forma de viver em Barreirinho eram facilmente perceptíveis. Claro, ocorreram muitas trocas de experiências, com as conversas, com minha presença naquele lugar, com meu modo de agir com as crianças e os adolescentes, contudo, havia diferenças inclusive metodológicas no que se refere ao ensino e à aprendizagem da leitura e da escrita. Fui alfabetizado pela silabação e, nesse local, como em toda Bahia, o método de alfabetização seguia o método da soletração. Valeu a experiência e o "batismo" na cultura baiana.

Finda essa experiência, retornei à cidade de São Paulo, mais um ano de Teologia no decurso de 1968, e, em fins do mês de janeiro de 1969, a convite do Padre João Mayers, retornei à Pilão Arcado, cidade sede de sua paróquia, onde estava investindo na criação de um Ginásio[1], através da CNEC — Companhia Nacional de Educandários das Comunidades[2]. Meu retorno a essa cidade tinha a ver com o convite desse padre para assumir a direção da escola em implantação. E, lá fui eu novamente para Pilão Arcado.

Um ano de sertão. Além de dirigir a escola, ensinei Matemática, Geografia, Problemas Brasileiros, Educação Física. Meu Deus! "Pau para toda obra". Em fins de 1969, encerrei essa experiência, fixei residência em Salvador, cidade para a qual transferi meus estudos filosóficos, da Faculdade Nossa Senhora Medianeira, SP, para a Faculdade de Filosofia e Ciências Humanas, da Universidade Católica do Salvador. Conclui

---

1. Até o ano de 1971, no Brasil, o ensino estava segmentado em Escola Primária (4 anos), Ginásio (4 anos), Colegial (3 anos) e Ensino Superior (4, 5 ou 6 anos, a depender da formação).

2. Pode-se facilmente acessar uma resenha histórica desta instituição, que fora fundada em Recife, PE, em 1943, por exemplo, em: <https://sites.google.com/site/felipetiagogomes/cnec>. Acesso em: ?????

o Curso em finais de 1970, devido a possibilidade, estabelecida pelo Conselho Federal de Educação, no decurso do ano de 1969, de aproveitamento de estudos filosóficos realizados em Seminários, através de provas de proficiência em conhecimentos no âmbito de cada uma das disciplinas do Curso de Filosofia. Submeti-me às provas e, em função disso, praticamente, completei o histórico escolar que cobria todas as disciplinas do Curso no qual havia me matriculado. Então, no decurso do ano de 1970, percorri exclusivamente as disciplinas pedagógicas da Licenciatura em Filosofia, fiz os estágios exigidos por lei e recebi o Diploma de Licenciado em Filosofia.

Em meados desse mesmo ano de 1970, servindo-me do Diploma de Bacharel em Teologia, emitido pela Pontifícia Universidade Católica de São Paulo (PUC-SP), inscrevi-me para a Seleção a uma vaga para o Mestrado em Ciências Humanas, mantido pela Universidade Federal da Bahia (UFBA). Consegui a vaga e uma Bolsa de Estudos por dois anos e meio. Iniciei esses estudos em 1971, ano em que, também por concurso, ingressei no magistério superior na área de Filosofia, na Faculdade de Filosofia e Ciências Humanas, da Universidade Federal da Bahia, em Salvador, BA; encerrei esses estudos em 1973. De lá para cá, resido na cidade de Salvador, hoje já aposentado das atividades docentes, seja na Graduação em Filosofia, seja no Programa de Pós-Graduação em Educação, dessa mesma Universidade. Uma longa e profícua história.

Mais alguns dados relativos aos anos que medeiam entre 1968 e 2018. Nesse período, vivenciei múltiplas experiências, seja como funcionário do Instituto de Radiodifusão Educativa da Bahia, onde, entre os anos 1971 e 1976, atuei exclusivamente no Setor de Avaliação em Educação, seja como professor de Filosofia e de Educação na Universidade Federal da Bahia, entre os anos de 1971 e 2010, seja exercendo a docência em Metodologia do Trabalho Científico, na recém-fundada Universidade Estadual de Feira de Santana (UEFS), BA, entre os anos de 1976 e 1994, seja formando-me em Psicoterapia em Biossíntese, entre os anos 1992 e 1996, e atuando em consultório psicoterapêutico por vinte anos, seja realizando estudos na área da espiritualidade e atuando na Escola Dinâmica Energética do Psiquismo, entre 1996 e 2013. Múltiplas experiências, nessa cidade do Salvador, BA, que adotei como minha cidade. Aqui, me tornei o profissional que sou, casei-me por duas vezes, tenho uma filha, dois filhos, netos e netas. Abençoada terra!

Importa registrar ainda duas referências relativas aos cinquenta anos de vínculos com o tema da avaliação em educação. A primeira delas refere-se a ABT, que recebeu, inicialmente, a denominação Associação Brasileira de Teleducação e, posteriormente, a denominação Associação Brasileira de Tecnologia Educacional, com sede na cidade do Rio de Janeiro. Convivi nessa Associação desde sua fundação, em 1971, até, aproximadamente, o ano de 1992, quando afastei-me do seu quadro de sócios, tendo inclusive sido seu Presidente por dois anos.

No que se refere à avaliação, registro que meu primeiro artigo publicado na revista dessa instituição — *Tecnologia Educacional* — ocorreu no seu número 24, de setembro/outubro de 1978, páginas 5 a 8, intitulado "Avaliação educacional: pressupostos conceituais". Ocorria, com a publicação desse artigo, uma abertura dos meus vínculos com a área da educação para o espaço geográfico do país, desde que a revista tinha esse alcance nacional. Não fora o primeiro artigo de minha autoria publicado em uma revista dessa abrangência, contudo, sobre o tema da avaliação em educação, sim. Durante os anos que permaneci na instituição, muitos foram os artigos e textos que tornei público por seus órgãos de comunicação.

Tenho clara consciência de que colaborei com a manutenção e o crescimento da ABT, mas também não tenho dúvida alguma de que ela foi uma porta e um caminho para que meu nome profissional fosse lançado, como um estudioso da área de conhecimentos da avaliação em educação. Gratidão à ABT e a todos os seus profissionais, que, ao longo de anos, me acolheram, me deram suporte, fatores que me possibilitaram ser conhecido no país como estudioso dessa temática.

A segunda referência a ser registrada tem a ver com a Cortez Editora, São Paulo, com seu criador e mantenedor José Xavier Cortez e todos os profissionais que atuam na instituição. Meu primeiro contato com essa Editora ocorreu com a publicação do livro *Fazer universidade: uma proposta metodológica*, da autoria de quatro professores, que, a partir de 1976, atuávamos na disciplina Metodologia do Trabalho Científico, no Ciclo Básico de Estudos, da Universidade Estadual de Feira de Santana (UEFS), Bahia, fundada nesse referido ano; agora — 2018 —, todos já afastados do ensino, devido aos procedimentos de aposentadoria.

Éramos Cipriano Luckesi, Elói Barreto, José Cosma, Naidison Baptista. Esse livro fora publicado pela primeira vez no ano de 1984 e, de lá para cá, teve 17 edições sucessivas; sendo que, a partir da 17ª, ocorreram sucessivas reimpressões. A Cortez Editora lançou a mim e a meus pares no mundo. Vagarosamente, esse livro ocupou espaços nos estudos de metodologia do trabalho científico no país, como um todo.

No que se refere à avaliação em educação, em 1995, a Cortez Editora tornou público um livro de minha autoria — que reuniu um conjunto de artigos e textos já publicados, de modo especial através da revista *Tecnologia Educacional*, acima referida — com o título *Avaliação da aprendizagem escolar: estudos e proposições*, que, até o ano de 2011, havia atingido a 22ª edição; ano no qual, em função do Acordo Ortográfico da Língua Portuguesa, assinado em Lisboa, em 16 de dezembro de 1990, segundo o qual tanto o Brasil como outros países, que usavam a Língua Portuguesa como língua oficial, deveriam fazer ajustes ortográficos, universalizando um modo comum de expressar por escrito. Em função desse fato, havia necessidade de que todas as Editoras, no Brasil, procedessem uma revisão ortográfica em todos os livros que publicara até então e que permaneciam sendo comercializados. Aproveitei a oportunidade para, além de rever a ortografia, reordenar os capítulos do livro sobre avaliação da aprendizagem, que já havia sido publicado há alguns anos, acrescentando novos capítulos.

De 1995 a 2011, haviam se passado 16 anos e minhas compreensões sobre avaliação em educação também haviam ganhado novas nuances, fatores que me levaram a produzir um novo livro a respeito do tema. Então, no ano de 2011, a Cortez Editora publicou um segundo livro de minha autoria abordando a avaliação em educação, intitulado *Avaliação da aprendizagem: componente do ato pedagógico*. Por esse livro recebi o Prêmio Jabuti, juntamente com a Cortez, que publicara o livro.

Em 2014, a Editora publicou o livro *Sobre notas escolares: distorções e possibilidades*, tema que me rondava há muito tempo, só nesse período vindo à tona.

Completando as informações biográficas, entre 1988 e 1992, fiz estudos de doutoramento na PUC/SP, defendendo a tese *Avaliação da aprendizagem escolar: sendas percorridas*.

Registro aqui imensa gratidão a José Xavier Cortez e a todos os profissionais de sua Editora por essa longa convivência que já tem a duração de 34 anos[3].

Finalmente, desejo registrar na introdução deste livro uma gratidão à Diocese de Sorocaba, SP, por me ter possibilitado o acesso e a permanência nos estudos acadêmicos — Ginásio, Colégio, Triênio Filosófico, Bacharelado em Teologia —, perfazendo um total de treze anos de atividades discentes. Nesse espaço, aprendi a ler, escrever, pensar, argumentar, cuidar de mim mesmo. Gratidão, sempre!

Quanto ao segundo foco desta introdução, o conteúdo tratado neste livro, a abordagem que faço está comprometida com os anos de vínculos com o tema da avaliação em educação, incluindo questões epistemológicas, assim como a prática da avaliação da aprendizagem e, por último, alguns entendimentos sobre avaliação institucional e

---

3. Importa registrar que todos os livros que, no presente momento, tenho em circulação, foram publicados pela Cortez Editora. Além dos títulos sobre avaliação, estão publicados: *Fazer universidade: uma proposta metodológica*, *Filosofia da Educação* e *Introdução à Filosofia: aprendendo a pensar*, em coautoria com Elizete Silva Passos.

de larga escala e, finalmente, uma abordagem de que, para além das compreensões teóricas, está o educador, ciente de que é ele quem faz a diferença nas atividades educativas, atendendo aos estudantes.

Os capítulos 1 e 2 trazem abordagens epistemológicas sobre o ato de avaliar e os usos de seus resultados investigativos. A seguir, os capítulos 3, 4, 5, 6 e 7 abordam de questões relativas à avaliação da aprendizagem, tratando de conceitos, vicissitudes históricas, questões metodológicas e práticas, tipificações que lhe vêm sendo atribuída, e, por último, os âmbitos da prática da avaliação em educação — da aprendizagem, institucional e de larga escala. O capítulo 8 trata especificamente dos diversos objetos de práticas avaliativas na educação no Brasil, como poderia ocorrer em outro país qualquer: avaliação da aprendizagem, institucional e de larga escala (do sistema de ensino). E, por último, o capítulo 9 que, para além de todos os tratamentos e aprendizagens teórico-práticas, trata do educador. Ele é o condutor da sala de aula, do ensino e das aprendizagens dos estudantes. Sem sua mediação, todo o sistema de ensino permanece estático, desde que ele atua no âmbito da sua atividade-fim, a aprendizagem e formação dos estudantes.

Uma observação: no decurso das páginas deste livro, usei a denominação "professor" e "educador" exclusivamente na forma masculina, tendo em vista que seria exaustivo repetir constantemente a dupla expressão, masculina e feminina.

Ao encerrar esta introdução, explicito meu agradecimento à Cortez Editora, sempre solícita aos meus pedidos, por ter assumido a edição do presente livro.

Desejo a todos aqueles que tiverem acesso a este livro, boas leituras e consequentes compreensões da investigação avaliativa em educação. Bons estudos!

Salvador, BA, junho de 2018

Cipriano Luckesi

Capítulo 1

O ATO DE AVALIAR:
epistemologia e método

O presente capítulo destina-se a estabelecer uma compreensão epistemológica a respeito do ato de avaliar. Sua abordagem, devido ser conceitual, poderá ser aplicada em qualquer área de ação humana e de seus produtos, assim como aos fenômenos da natureza, desde que vistos sob a ótica humana, que sempre atribui a tudo que lhe cerca uma qualidade, variando entre a positiva e a negativa.

Iniciaremos por compreender que o ato de avaliar é constitutivo do ser humano, desde que é um dos seus modos de conhecer a realidade, no caso, sob a ótica da qualidade de tudo o que existe, seja ela natural ou cultural, fator que torna universal o ato de avaliar. Todos os seres humanos o praticam a todos os instantes, seja por meio do senso comum cotidiano, seja através do uso consciente e crítico de variados recursos metodológicos de investigação, não existindo, dessa forma, ato humano que não seja precedido de um ato avaliativo[1]. O texto que se segue tem a intenção de oferecer ao leitor subsídios epistemológicos à compreensão do que seja o ato de avaliar.

Frente à essa proposição, poder-se-á perguntar se já não foi definido suficientemente bem o ato de avaliar, com tantos estudos e escritos sobre o tema, inclusive pelos textos que, como pesquisador da área, publiquei através de livros e de artigos em órgãos variados de comunicação.

---

1. Importa lembrar que temos em nossa experiência o "arco reflexo", responsável por condutas e atos autônomos cotidianos que, supostamente, não passariam por uma avaliação. Contudo, vale recordar que todos os nossos atos são precedidos por algum tipo de avaliação, por mais fugaz que seja, do nosso sistema nervoso autônomo, que viabiliza a resposta.

Dedicar-me-ei, então, a construir uma compreensão epistemológica do ato de avaliar depurada de nuances conceituais anteriormente formuladas, seja por mim mesmo, seja por outros pesquisadores da área, ainda que possa parecer já não existirem mais aspectos desse tema que mereçam esclarecimentos.

O ato de avaliar, como qualquer outra prática investigativa, tem por objetivo exclusivamente revelar algo a respeito da realidade. No caso, revela cognitivamente a sua qualidade, cabendo ao gestor da ação, com base nessa revelação, tomar decisões, que, por si, poderão — e deverão — trazer consequências positivas para os resultados desejados. As decisões sempre caberão ao gestor da ação, nunca ao avaliador. Ao avaliador cabe exclusivamente investigar e revelar a qualidade da realidade.

Vale ainda, na introdução deste capítulo, observar que, em muitas circunstâncias, os papéis de avaliador e de gestor de uma determinada ação serão desempenhados pelo mesmo profissional, como ocorre no cotidiano de todos nós, o mesmo ocorrendo em uma sala de aula, onde o professor exerce tanto o papel de gestor da atividade pedagógica como de avaliador dos seus resultados. Situação presente em múltiplas outras atividades, onde o profissional necessitará tanto de avaliar, quanto de decidir. Nesses casos, importa que o profissional, que está exercendo os dois papéis, consiga distinguir quando está agindo como avaliador e quando está agindo como gestor, evitando confusões tanto conceituais como práticas.

Frente às considerações acima, hoje, passados já cinquenta anos de militância pessoal na área de conhecimentos a respeito da avaliação em educação, verifico a necessidade de, epistemologicamente, explicitar com um pouco mais de precisão a compreensão do conceito do ato de avaliar e de suas práticas.

Certamente que essa compreensão, mais depurada do ponto de vista epistemológico, não produzirá uma revolução na área, porém, trará a possibilidade de que seu uso ocorra de forma mais adequada nas mais variadas áreas de sua atuação, como na área da educação, na qual atuo.

O ato de avaliar, neste capítulo, será, pois, configurado como uma investigação da qualidade da realidade, com a indicação dos passos metodológicos necessários à sua prática. No que se segue, trataremos exclusivamente da compreensão epistemológica do ato de avaliar; no capítulo subsequente, trataremos do uso dos dados dessa prática investigativa e, só em capítulos subsequentes deste livro, cuidaremos do ato de avaliar em educação.

1. O ato de avaliar é constitutivo do ser humano

O ato de avaliar nasce com a emergência do ser humano no Planeta Terra e compõe um dos seus variados e universais modos de conhecer. Todo *ser humano conhece fatos*, incluindo aí todas as nuances específicas do ato de conhecer fenômenos e acontecimentos do mundo natural, assim como do mundo social e cultural, seja sob a modalidade do senso comum, seja sob a modalidade do senso crítico, tal como ocorre no âmbito da filosofia ou no âmbito das ciências. Também todo ser humano *conhece valores* [avalia], seja pelo senso comum emocional, quando julgamentos emergem intempestivamente de dentro de cada um de nós, em decorrência de nossa biografia, seja por recursos conscientes e metodologicamente praticados pela investigação avaliativa intencional. E, ainda, todo ser humano *toma decisões e pratica atos* assentado em conhecimentos; propriamente o agir, fator que se realiza através das múltiplas áreas do fazer e da arte, em suas variadíssimas possibilidades.

Todo ser humano, de modo universal, pratica essas três modalidades cognitivas, duas delas vinculadas ao ato de conhecer e, uma terceira, ao agir, subsidiado pelos conhecimentos estabelecidos no presente, como também herdados do passado.

É interessante observar que os movimentos de Ação Católica — cuja primeira expressão foi a JOC — Juventude Operária Católica —, criada em Bruxelas, Bélgica, no ano de 1923, por iniciativa do padre Joseph Cardjin — expressavam essas três modalidades cognitivas universais do ser humano através do slogan "ver, julgar e agir". "Ver" abrangendo a descritiva factual da realidade assim como o seu funcionamento; "julgar", constituído pelo conhecimento axiológico da realidade, base para as escolhas; e, por último, o "agir" que expressa a capacidade de atuar com base tanto no conhecimento factual, que busca compreender *o que é* e *como funciona* a realidade, quanto no conhecimento axiológico, que subsidia as escolhas do que fazer, assim como daquilo que deve ser feito.

Não existe *escolha humana* que possa ser realizada, consciente ou inconscientemente, sem base tanto no conhecimento factual como no conhecimento da qualidade da realidade. O conhecimento da qualidade da realidade subsidia toda e qualquer escolha, tendo em vista obter os melhores resultados em decorrência de nossa ação.

De modo intermitente, realizamos nossas escolhas na expectativa de que obteremos um resultado positivo com nossa ação, ainda que esse "positivo" possa ter essa característica somente para nós e não para o outro ou para todos. Neste contexto de compreensão, importa estarmos cientes de que nenhum ser humano, por si, aposta numa escolha que o conduza a um resultado negativo para si mesmo. Poderá fazer uma escolha enviesada, egoísta, eticamente distorcida, e até negativa para os outros e, por um engano, até mesmo para si, mas sua crença é de que, ao menos para si, será sempre positiva, razão pela qual fez a escolha praticada.

Do ponto de vista de compreender epistemologicamente o ato avaliativo, importa, por agora, ter ciência de que ele é constitutivo do ser humano, independente da justeza ética e social das escolhas que possam ser feitas. As questões éticas e sociais exigirão outros estudos, em especial éticos. Neste capítulo nos interessa diretamente a epistemologia do ato de avaliar.

Não existe, dessa forma, ato humano, simples ou complexo, que não seja precedido por um ato avaliativo, ocorra ele de modo intencional e consciente ou de modo comum e habitual. Como também não existe nada que nos cerque que não seja objeto de um juízo axiológico (avaliativo) de nossa parte. A tudo aquilo que nos cerca — seja pela via do senso comum, seja pela via da investigação intencional — atribuímos uma qualidade à realidade que nos cerca, variando entre o positivo e o negativo.

As avaliações cotidianas e habituais nos permitem fazer escolhas e viver o dia a dia, solucionando nossas necessidades imediatas; contudo, as avaliações praticadas de modo intencional e consciente nos permitem tomar decisões fundamentais para nós e para os outros, seja do ponto de vista individual, seja do ponto de vista coletivo.

Vale ainda estarmos cientes de que as avaliações habituais e inconscientes, avaliações baseadas no senso comum, por vezes, implicam atos intempestivos, situação em que somos tomados por uma reação emocional abrupta e até mesmo inesperada; contudo, também importa observar que nem todas as avaliações habituais manifestam essa nuance. No geral, elas nos permitem viver no cotidiano da melhor forma que podemos. Já as avaliações, praticadas de modo consciente e metodológico, se o desejarmos, nos subsidiam a encontrar a melhor solução para os impasses com os quais nos defrontamos. Essas duas modalidades de práticas avaliativas — do senso comum e metodológica — se fazem presentes em nossas vidas, ainda que as práticas habituais sejam as comuns no cotidiano de todos nós.

Para a abordagem epistemológica do ato de avaliar, contida neste capítulo, basta, por enquanto, ter ciência de que, desde sempre, ele é constitutivo do ser humano, e permanecerá com essa característica pelos tempos afora.

2. Considerações epistemológicas sobre o ato de avaliar

Epistemologicamente, o ato de avaliar é um ato de investigar a qualidade da realidade, fato que implica conhecimento, seja ele adquirido pelos recursos do senso comum ou em decorrência do uso de procedimentos metodologicamente consistentes, encerrando-se no momento em que revela a qualidade da realidade.

A *tomada de decisão*, com base nos resultados da avaliação, aqui e acolá, é definida como fazendo parte do ato de avaliar, tal como pode parecer na afirmação: "Avaliação é um juízo de qualidade sobre dados relevantes para uma tomada de decisão". Definição da avaliação que utilizei em meus escritos, no passado, assim como em minhas falas. Ela tem sua origem nas considerações sobre avaliação em educação, formuladas por Daniel L. Stufflebeam, nos anos 1960, quando a fenomenologia dessa área de conhecimentos foi amplamente abordada nos Estados Unidos. Abordagens que se disseminaram pelo mundo afora, inclusive pelo Brasil. Ele definiu o ato avaliativo como o processo de delinear, obter e fornecer informações úteis para o julgamento de decisões alternativas, ou seja, para a tomada de decisões.

Observando essa afirmação, de uma forma rápida e superficial, a "tomada de decisão" parece pertencer ao ato de avaliar e, desse modo, fora compreendido, ao menos por mim e por muitos outros. Todavia, observando com atenção a definição acima, emerge claro que a "tomada de decisão" não pertence ao ato de avaliar. A preposição "para" indica que a tomada de decisão está para além da investigação avaliativa, ainda que com base nela. Fato que conduz a estar epistemologicamente ciente de que o ato de avaliar, em si, como investigação da qualidade da realidade, se encerra com a "revelação de sua qualidade", como abordado mais à frente neste livro, o que implica que a "tomada de decisão" pertence ao âmbito da gestão da ação e não de sua avaliação.

Tendo em vista tornarmo-nos cientes desse fato, pode nos auxiliar a compreensão de que tanto a ciência como a avaliação são práticas investigativas que encerram seus respetivos papéis com o desvelamento cognitivo da realidade, cujos resultados subsidiam decisões no agir. A ciência revela "o que é a realidade e como ela funciona" e, nesse ponto, se encerra sua missão. Os usos dos conhecimentos por ela produzidos possibilitam as criações e os investimentos tecnológicos, assim como decisões administrativas e políticas. Ações que estão "para além" das atividades próprias do cientista e da ciência. No caso, a ciência encerra sua tarefa epistemológica ao revelar a constituição e o funcionamento da realidade investigada. A avaliação, por sua vez, como ato investigativo, à semelhança da ciência, tem a função de revelar cognitivamente a qualidade da realidade e aí se encerra seu âmbito de ação. O uso dos resultados decorrentes da sua investigação, como na ciência, também estão "para além" de si mesma, já no âmbito da gestão da ação. A tomada de decisão, com base nos conhecimentos decorrentes da avaliação, demanda uma escolha por parte do gestor da ação, seja no âmbito das ações comuns e cotidianas, seja no âmbito de projetos complexos.

À semelhança do que ocorre com os desdobramentos tecnológicos decorrentes do conhecimento científico, que já não se dão mais no âmbito da investigação que o produz, a tomada de decisão, com base no conhecimento da qualidade da realidade, também não pertence ao ato de avaliar. A tomada de decisão pertence à gestão que decide tanto a respeito *de servir-se* dos conhecimentos obtidos sobre a qualidade da realidade investigada, quanto a respeito *de como* servir-se deles.

Do ponto de vista epistemológico, o ato de avaliar implica uma "posição de não-indiferença" frente ao seu objeto de investigação, o que quer dizer que, nesse campo de conhecimentos, não existe neutralidade.

Não há possibilidade de vivermos sem avaliar aquilo que nos cerca — desde que o ato avaliativo é constitutivo do ser humano, como vimos em momento anterior deste capítulo — e, consequentemente, também não há possibilidade de vivermos sem tomar decisões; são atos que decorrem da constituição cognitiva e ativa do ser humano. A qualificação da realidade, que lhe é natural, implica uma posição positiva ou negativa, isto é, uma posição de "não-indiferença" frente à realidade, que pode ser ilustrada por um segmento de reta, com um "ponto 0 (zero)" no meio dele, e dois polos nas extremidades, um deles expressando a qualidade positiva e outro, a negativa. O *ponto de indiferença*, o ponto 0, expressa a realidade a ser qualificada, o objeto do ato avaliativo e, a *"não-indiferença"*, nessa situação, está expressa pelas qualidades positiva e negativa atribuídas à realidade, que, no gráfico a seguir, está representada pelos polos. Graficamente:

(ponto 0)
(indiferença)
(polo negativo) – ——— 0 ——— + (polo positivo)
(posições polares = não-indiferença)[2]

As categorias gramaticais "substantivo" e "adjetivo", na sintaxe de Língua Portuguesa, nos auxiliam a compreender, epistemologicamente, o conceito de avaliação e do ato de avaliar. Pela gramática, aprendemos que o substantivo "descreve a coisa", isto é, descreve a realidade à qual ele se refere, o ponto 0 [zero] no gráfico acima, que corresponde a uma posição de *indiferença* em relação ao objeto descrito. O substantivo é descritivo, desde que tem por destinação epistemológica "descrever o que a coisa é".

---

2. Os interessados em refinar suas compreensões sobre a teoria do valor, vale ver: Risieri Frondizi ¿ *Qué son los valores?* México: Buenos Aires: Fondo de Cultura Economica, 1958; Johannes Hessen, *Filosofia dos Valores.* Coimbra, Portugal: Armenio Amado Editor, 1980; Manuel Garcia Morente, *Fundamentos de Filosofia.* São Paulo: Editora Mestre Jou, 1967, capítulo "Ontologia dos valores", p. 293-304.

Paralelamente, aprendemos que o adjetivo tem como destinação gramatical "qualificar o substantivo", isto é, qualificar aquilo que está descrito por ele, com nuances de qualidade que variam entre o negativo e o positivo, conduta que corresponde a uma posição de *não-indiferença* em relação ao objeto descrito.

O substantivo, *etimologicamente*, é aquilo que *sub-está* (*sub-stare*, do latim), isto é, que expressa a realidade, daí situar-se em um "ponto de indiferença", simplesmente expressando "aquilo que a coisa é". Por seu turno, o adjetivo, também *etimologicamente*, é aquilo que, "posto junto" (*ad-jacere*, do latim), expressa a qualidade da realidade, que varia entre o negativo e o positivo, expressando a "posição de não-indiferença", razão pela qual afirma-se que a qualidade é "bipolar", fator que dá base ao estabelecimento da escala de qualidades, variando do menos para o mais, ou, inversamente, do mais para o menos. A qualidade "belo", por exemplo, situa-se no extremo positivo da escala de beleza e a qualidade "feio" no extremo negativo; e entre o positivo e o negativo, há uma série de gradações qualitativas que seguem "do menos para o mais", ou, ao contrário, "do mais para o menos". Em síntese, o substantivo expressa o aspecto factual da realidade e o adjetivo expressa a qualidade que lhe é atribuída. Nesse contexto, o primeiro é único; o segundo é variável em conformidade com uma escala de qualidades.

Essa característica constitutiva[3] da qualidade nos permite compreender que ela *não modifica* a ipseidade, a essência, do quer que seja; ela simplesmente é *atribuída* à realidade descrita. Epistemologicamente, a descrição (substantivo), para ser válida, é única, mas a atribuição de

---

3. Prestar atenção ao fato de que a abordagem epistemológica de alguma coisa está comprometida com a sua "constituição essencial". Então, usar a expressão "epistemologia" significa que se está abordando a realidade por aquilo que essencialmente lhe constitui. No âmbito da teoria do conhecimento, a epistemologia trata da forma pela qual alguma coisa é conhecida de modo adequado, por aquilo que lhe constitui. Etimologicamente, o termo epistemologia é constituído por "episteme + logos", onde "logos = conhecer [tratado]" e "episteme = conhecimento".

qualidade (adjetivo) pode variar para mais ou para menos, a depender dos critérios de qualidade, admitidos de modo circunstancial, social e histórico.

O sujeito do conhecimento atribui uma qualidade à realidade, tendo presente suas características reais (substantivas), comparando-as com um critério de qualidade, que pode ser *plenamente* preenchido pelas características da realidade, assim como pode ser *mediana* ou *negativamente* preenchido; fator que permite admitir que a realidade seja qualificada de modo positivo ou negativo.

No caso, a realidade, em si mesma, não se modifica; quem varia é a qualidade atribuída ao objeto avaliado. Daí dizer-se que, na Gramática da Língua Portuguesa, como na Gramática de outras Línguas, o substantivo "expressa o que a coisa é" e o adjetivo tem o papel exclusivo de "atribuir uma qualidade ao substantivo".

Importa ainda estar ciente de que, devido ao fato de a escala de qualidades ter uma base circunstancial, histórica e social, a qualidade atribuída por um sujeito, ou por uma população, a um determinado objeto poderá *não ser atribuída* de forma equivalente, ao mesmo objeto, por outro sujeito, ou por outra população, que se encontra em outra situação circunstancial, social, histórica e cultural. Os valores (qualidades) sofrem interferências socioculturais. Valores válidos em uma circunstância, não necessariamente o serão em outra.

Ontologicamente[4] se diz que "a qualidade adere ao ser", sem modificá-lo *substancialmente*, desde que "o ser" continua sendo aquilo que é, ainda que "a qualidade" que lhe é atribuída tenha variações. A qualidade, então, expressa uma atribuição à realidade, sem que, com essa atribuição, ela seja modificada; o fator que poderia modificar uma

---

4. A Ontologia é um campo de estudos no âmbito da Filosofia que aborda a constituição daquilo que existe; seguida da epistemologia que tem por parâmetro o conhecimento justo e adequado daquilo que a realidade é do ponto de vista ontológico.

realidade seria a sua modificação substantiva, factual, diversa da variação adjetiva, que é qualitativa.

Vale sinalizar que os extremos da qualificação positiva e negativa se expressam, do ponto de vista gramatical, *pelo superlativo*: ótimo-péssimo; belíssimo-horroroso; adequadíssimo-inadequadíssimo...

Sintetizando, em uma prática de investigação avaliativa, necessitaremos (01) de um objeto a ser avaliado, (02) de sua configuração factual, isto é, sua descritiva, (03) de um padrão de qualidade, ao qual a realidade descrita será comparada, tendo em vista atribuir-lhe uma qualidade, em conformidade com uma escala previamente estabelecida e assumida como válida. Ao final do percurso desses três passos, obtém-se a "revelação da qualidade da realidade", objetivo final do ato de avaliar.

3. Fontes histórico-filosóficas para a compreensão do ato de avaliar[5]

Tendo em vista saber como se chegou à compreensão de que o ato de avaliar é um modo de atribuir qualidade à realidade através de uma metodologia investigativa, importa um contato, por menor que seja, com as vicissitudes histórico-filosóficas em torno dessa fenomenologia.

A compreensão epistemológica do ato de avaliar tem sua base na Axiologia ou Teoria dos Valores, abordagem filosófica que configura a relação entre "realidade e valor".

---

5. O leitor, para compreender o ato de avaliar como investigação da qualidade da realidade, que subsidia decisões, não necessariamente terá que se adentrar nas informações abordadas neste tópico do capítulo. Contudo, a abordagem é ilustrativa para entender como chegamos a compreender o ato avaliativo como o entendemos hoje. Além disso, o leitor que desejar poderá encontrar um estudo mais amplo dessa abordagem filosófica e histórica relativa à compreensão epistemológica do ato de avaliar em Cipriano Carlos Luckesi, *Sobre notas escolares: distorções e possibilidades,* São Paulo: Cortez Editora, 2012, no Anexo ao Capítulo I, que se encontra entre as páginas 39 e 51, inclusive com uma significativa informação bibliográfica a respeito do tema.

Que critérios têm sido utilizados, ao longo da história do pensamento ocidental, para estabelecer valores no contexto da vida humana? Desde a antiguidade grega até nossos dias, essa temática tem estado presente nas abordagens filosóficas das práticas humanas, através de duas compreensões históricas fundamentais: uma delas, visão antiga e medieval, concebendo o valor (qualidade) como constitutiva da realidade e, a outra, moderna e contemporânea, compreendendo o valor (qualidade) como uma atribuição feita à realidade pelo ser humano. Para se compreender essas posições, importa um pouco de história do pensamento filosófico.

3.1 Filosofia antiga e medieval: ser e valor, fenômenos equivalentes

Desejando compreender os caminhos da compreensão sobre os valores, cabe perguntar: que critério, na visão dos filósofos antigos e medievais, assegura a validade de um valor, tendo em vista balizar as escolhas e decisões do ser humano individual ou coletivo no seu agir? Ainda que por vias diferentes, como veremos a seguir, a resposta é: o critério que sustenta e valida um valor, no âmbito da Filosofia antiga e medieval, é o "ser", "a essência".

Entre os filósofos gregos antigos, Platão (427-327 a.C.)[6] e Aristóteles (384-322 A.C.)[7], pensadores fundamentais para o Ocidente,

---

6. Platão (nascido e falecido em Atenas, 428/427-348/347 a.C.) foi um filósofo do período clássico da Grécia Antiga, autor de diversos diálogos filosóficos e fundador da Academia em Atenas, a primeira instituição de educação superior do mundo ocidental. Juntamente com seu mentor, Sócrates, e com seu pupilo, Aristóteles, ajudou a construir os alicerces da filosofia ocidental.

7. Aristóteles (nascido em Estagira, 384 a.C. — falecido em Atenas, 322 a.C.), filósofo grego, discípulo de Platão e preceptor de Alexandre, o Grande. Suas obras constituem as bases do pensamento e da cultura ocidentais.

acreditavam, ainda que por vias diferentes, que *ser* e *valor* (ser e qualidade)[8] eram equivalentes tanto em suas constituições (aquilo que é), como em seu papel na vida humana (aquilo que vale); nesse contexto, dizer "ser" era equivalente a dizer "qualidade" e dizer "qualidade" era equivalente a dizer "ser".

No que se refere a Platão e ao platonismo, o verdadeiro mundo é o *Hiperurânio*, denominado também "Mundo das Ideias", que, segundo ele, é o mundo da efetiva realidade, onde estão os exemplares perfeitos de tudo o que existe; e, então, nesse âmbito, ser e qualidade são absolutamente idênticos e perfeitos. Segundo esse pensador, o planeta, no qual vivemos, expressa o "mundo de sombras", onde tudo aquilo que existe são cópias das realidades perfeitas e absolutas, as Ideias.

Nesse contexto, pode-se afirmar que a concepção platônica se expressa através de um *realismo das Ideias*, contexto no qual as Ideias — no Hiperurânio, Mundo das Ideias — compõem a efetiva realidade. Aquilo que experimentamos, em nossa vida cotidiana, são somente meras sombras da verdadeira realidade. O caminho da perfeição para o ser humano será buscar, no decurso da existência, esse mundo perfeito, através da ascese, composta por exercícios e práticas de autoaperfeiçoamento.

A "Alegoria da caverna", exposta no livro *A República*, da autoria de Platão, representa bem a dualidade entre o Hiperurânio e o mundo das sombras e a ascese como caminho para se chegar às essências. Nessa alegoria, os personagens que representam os seres humanos estão dentro de uma caverna escura e com os rostos presos e voltados para o seu fundo, onde não há luz, simplesmente escuridão

---

8. Aristóteles usou a denominação "qualidade", ao invés de "valor", para expressar uma característica, que ele admitia pertencer essencialmente a tudo aquilo que existia, à medida que existia. Só mais recentemente, a partir de Kant, passou-se a utilizar a expressão "valor", tendo em vista denominar a mesma fenomenologia.

total. Só por muitos investimentos, cuidados e exercícios (ascese), vagarosamente, cada ser humano, manietado com o rosto voltado para o fundo da caverna, conseguirá voltar-se para a entrada da caverna, onde há luz e, então, é possível ver a realidade, propriamente conhecer a realidade. A alegoria revela a existência dos dois mundos, o das sombras e o da luz, da ignorância e da sabedoria.

O lugar onde os valores valem, em conformidade com as essências, deve ser buscado pelos seres humanos, através da filosofia, que, como ascese, é o recurso para atingir o conhecimento das essências perfeitas. O saber para administrar a vida com adequação viria desse contato com as essências. Foi esse entendimento que conduziu Platão a admitir que um rei, administrador de uma cidade-estado ou de um povo, deveria ser um filósofo, o denominado filósofo-rei. A contemplação das essências no Hiperurânio lhe daria saber suficiente para tomar decisões e administrar a vida social, desde que, na essência, "ser e valor" coincidem. Segundo ele, a posse do valor válido se dá através do conhecimento da essência, desde que nela reside o valor em sua plenitude. Esse conhecimento orienta o agir humano.

Aristóteles, discípulo de Platão, assume posição semelhante no que se refere a compreender que "ser e valor" se equivalem, ainda que o caminho para se chegar a essa compreensão siga por vias diferentes. Enquanto em Platão, o conhecimento das essências vem pela ascese, em Aritóteles, ele é obtido pela via intelectiva, tendo como ponto de partida a percepção sensível de tudo aquilo que existe.

Na juventude, Aristóteles convivera com Platão em sua Academia e, desse modo, fora formado em sua escola. Posteriormente, rompeu com seu mestre, do ponto de vista teórico, assumindo que "tudo o que existe é ser" e se manifesta no mundo cotidiano, através de sua materialidade, razão pela qual é percebido através dos sentidos, cuja imagem, formada nesse nível de conhecimento, subsequentemente, é processada de modo inteligível. A realidade cotidiana, para ele, é composta de matéria e forma, sendo que a sua expressão material permite ser conhecida imediatamente pelos sentidos e se chega ao conhecimento da essência — da pura forma, na linguagem de Aristóteles — através de atividades do nosso intelecto em direção à abstração.

Então, para Aristóteles, como para Platão, "ser e valor" se equivalem ontologicamente. Contudo, a via de acesso ao "ser" — à essência — é diversa. Enquanto para Platão, só se entra em contato com a essência no Hiperurânio, através do caminho filosófico, a ascese propriamente dita, para Aristóteles, a essência se dá a conhecer a partir do mundo físico, pela via dos recursos da abstração, que, através do intelecto ativo, faz um percurso do físico para o não-físico[9].

Nesse contexto de compreensão, à medida que ser e valor (qualidade) expressam a mesma realidade, assim como, à medida que tudo aquilo que existe, só pelo fato de existir, é ser, então, tudo aquilo que existe tem as qualidades universais de uno, verdadeiro, bom e belo. Ou seja, ser e valor coincidem plenamente.

Do ponto de vista da filosofia grega antiga e, pois, ocidental, formulada por esses dois pensadores centrais, ser e valor se equivalem, o que quer dizer que, quando se diz ser, se diz valor, e vice-versa; fator que implica que o "ser" é o critério para o "agir correto" e, desse modo, determina a pauta de valores adequados e corretos a serem praticados cotidianamente pelos seres humanos. O valor orienta o agir, dando-lhe o balizamento do que é valioso e daquilo que não o é.

A concepção filosófica aristotélica se desdobrou na Idade Média e pelos tempos afora, através do tomismo. Os escolásticos medievais, liderados pelo padre dominicano Tomás de Aquino (1225-1274),

---

9. O processo da abstração, na concepção aristotélica, se dá da seguinte forma: (1) percepção dos objetos reais através dos sentidos; (2) formação de uma imagem material do objeto com todos os seus detalhes; (3) desmaterialização da imagem particular do objeto; (4) formação do conceito abstrato por meio do intelecto agente; (5) arquivamento do conceito no intelecto passivo.

eram aristotélicos e usavam a seguinte expressão latina para traduzir plenamente a concepção aristotélica a respeito da relação entre ser e valor: *Esse et bonum convertuntur* — o ser e o bem se convertem entre si.

Essa frase latina expressa que "ser e bondade" são fatores equivalentes entre si, isto é, quando se diz "ser", simultaneamente se expressa sua qualidade "boa"; e, quando se diz "bom", simultaneamente, se diz "ser", o que quer dizer que "ser e valor (qualidade)" expressam a mesma ipseidade, a mesma realidade. A compreensão decorrente dos entendimentos de Aristóteles, seguido por Tomás de Aquino, afirma que o "ser" determina sua qualidade, e, no caso do ser humano, o seu "ser" determina a qualidade que, de modo adequado e moralmente correto, deve se expressar no seu agir cotidiano.

Consequência disso é que, no caso do ser humano, sua característica *essencial*, que é "humana", determina o critério de qualidade de sua ação, que deverá ser praticada *sempre* com a qualidade humana, não podendo, sob hipótese alguma, manifestar-se de forma diversa, desde que, caso isso ocorra, dá-se uma distorção de conduta.

De forma equivalente, à medida que um ser que tenha a característica essencial de um "animal bruto", sua ação deverá ser compatível com sua ipseidade, sua essência. E, assim por diante... No seio dessa equivalência entre ser e valor, sendo que o valor determina a ação, a pedra só poderá agir como pedra, a planta como planta, e assim por diante.

Nesse contexto, importa ficarmos cientes de que a filosofia clássica aristotélica-tomista, que tem sua vigência predominante a partir da Idade Média, no que se refere ao agir, traduz essa compreensão pela afirmação de que "ao ser, segue-se o agir", ou seja, a cada tipo de ser, segue-se um determinado modo de agir, que lhe é próprio. Essa compreensão afirma que os atos cognitivos, éticos, morais, religiosos... devem ser universais em conformidade com o "ser que se é", e, em decorrência dessa compreensão, as condutas axiológicas do ser humano só podem ser "humanas". Nessa circunstância, a margem de escolha do ser humano, como de todos os outros seres da natureza, permanece restrita. O critério de validação das condutas está comprometida com as características do seu "ser".

A concepção aristotélico-tomista da relação entre ser e valor — como também a platônica — exigia uma solução para a questão da presença "do mal" no mundo, desde que se "tudo o que existe é ser", e, "sendo ser, é ontologicamente uno, verdadeiro, bom e belo", a pergunta, então, emergente era e é: Como pode existir o mal, se aquilo que existe é ontologicamente bom?

A solução encontrada pelos pensadores aristotélicos e tomistas, tendo em vista salvaguardar a fenomenologia do "ser metafisicamente uno, verdadeiro, bom e belo", foi a afirmação de que "o mal não existe como ser", mas simplesmente como uma "carência de bem". Desse modo, situações existenciais, que não fossem qualitativamente "boas", expressariam exclusivamente uma "carência *eventual* de bem", não de "ser", desde que este, por si, expressa universalmente qualidades positivas. O mal expressa uma carência "eventual" do bem e não uma carência de ser. Se se admitir que o "mal existe em si" (como ser), ele expressaria a "negação do ser", à medida que teria amplitude e universalidade equivalente à amplitude e universalidade do ser. A compreensão que se sedimentou nesse contexto de raciocínio foi de que o mal, tomado sob a ótica metafísica, não tem lugar, desde que não é ser. Para resolver a pendência ontológica do "mal", ele foi assumido simplesmente como "uma carência de bem".

Com essa solução abstrata e metafísica, chegou-se à compreensão de que, ocorrendo, *eventualmente,* uma qualidade não satisfatória, afirma-se que, nesse caso, ocorre uma "carência de bem", mas não um "mal entitativo". Com essa forma de compreender, o "ser" continuaria sendo sempre "bom"; poderia manifestar uma carência aqui e outra ali, porém nunca sua negação.

Não se pode esquecer que a compreensão platônica como a aristotélico-tomista da relação entre ser e valor são compreensões metafísicas, o que significa que elas não se assentam sobre a trama dos acontecimentos da experiência cotidiana do ser humano. Elas se dão no seio de entendimentos abstratos, e, pois, num âmbito distinto, separado das circunstâncias históricas, sociais, culturais e emocionais, que envolvem o ser humano em sua cotidianidade.

O termo "metafísica" passou a expressar a compreensão de algo que se supõe ocorrer "para além do âmbito do físico e do histórico"; propriamente no âmbito "do ser enquanto ser". O "ser enquanto ser", fundamento de tudo o que existe, seria diverso do "ser enquanto existente". A primeira expressão refere-se àquilo que é metafísico, abstrato, e, que, segundo a visão aristotélico-tomista, expressa o que é a realidade, por seu fundamento, que, por si, não engana; e a segunda expressão diz do concreto, do cotidiano, que pode enganar.

Uma nota histórica ajuda a compreender essa distinção entre "ser enquanto ser", fundamento daquilo que existe, e, "ser enquanto existente", ser concreto no cotidiano, com qualidades positivas e carências.

O termo "metafísica" foi criado, casualmente, por Andrônico de Rodes, que viveu entre os anos 130 e 60 a.C. Ele foi um estudioso e organizador das obras de Aristóteles na Biblioteca de Alexandria, norte da África. Dedicando-se a classificar as obras desse pensador grego, deparou-se com o fato de que, entre seus escritos, haviam obras que tratavam da biologia, da física, afinal, das "coisas físicas", que se davam a conhecer através dos sentidos, como também haviam escritos do autor que tratavam de assuntos que não se enquadravam em nenhuma dessas áreas de conhecimento, à medida que estabeleciam tratamentos abstratos, universais e fundantes a respeito da realidade. Essas obras foram catalogadas, em ordem, "depois" das obras que tratavam dos fenômenos físicos, recebendo a catalogação de "obras metafísicas", isto é, que estavam ordenadas "depois" (para além) das obras que tratavam das "coisas físicas" (etimologicamente, *metá* = "além de" e *fisiká* = "coisas físicas"). E, essas obras metafísicas tratavam do *ser enquanto ser* e as físicas do *ser enquanto existente* no cotidiano.

No caso, o termo "metafísica" fora utilizado para expressar a disposição física da organização das obras de Aristóteles, contudo, efetivamente, passou a denominar o tratamento dado por Aristóteles àquilo que ele denominou de fundamento da realidade cotidiana, "o ser enquanto ser", "pura forma", distinto do "ser enquanto existente", denominado por ele de *ente*, composto por matéria e forma, por isso, dando-se a conhecer, de imediato, à experiência dos sentidos.

O "ser enquanto ser", segundo Aristóteles, é absoluto, universal, pura forma, ausência absoluta de matéria, fundamento de todas as coisas existentes, âmbito da realidade que só pode ser apropriado cognitivamente de modo abstrato, pela desmaterialização do objeto do conhecimento, diferindo daquilo que se dá no cotidiano de todos nós, onde cada objeto que nos cerca é constituído por "matéria e forma", fator que permite sua individuação, assim como a possibilidade de ser apropriado cognitivamente pelos sentidos[10].

Então, o termo "metafísica", que, para Andônico de Rhodes, tinha um significado espacial (obras que vinham após as obras que tratavam dos fenômenos físicos), passou a denominar um âmbito de conhecimento e, desse modo, perdura até nossos dias.

Em síntese, para a filosofia clássica ocidental, no caso de Platão, o "ser", a "Ideia, era o único a efetivamente existir, tudo o mais, para além disso, eram suas sombras. Para conhecer o valor, importava conhecer

---

10. Em Aristóteles, o *ser enquanto ser* só tem forma, é absoluto, *simples*, eterno, fundamento de tudo aquilo que existe, dando-se a conhecer exclusivamente por abstração; já o *ser enquanto existente* é composto de *matéria e forma*, individuado, finito, dando-se a conhecer, como ponto de partida, através dos sentidos.

esse arquétipo, através da ascese. No caso de Aristóteles e dos tomistas, o "ser" é o fundamento de tudo o que existe, e as qualidades são-lhe equivalentes, o que quer dizer que tudo aquilo que existe, só por existir ontologicamente, e, dessa forma, se dá como "uno", "verdadeiro", "bom" e "belo". A inversão da equação também é válida, isto é, tudo o que é "uno", "verdadeiro", "bom" e "belo", ontologicamente, é "ser". Nessa equação, conhecendo-se o ser, conhece-se o bem; e conhecendo-se o bem, conhece-se o ser. O critério da qualidade está na própria existência como ser.

No que interessa ao tratamento da avaliação em educação, tema que nos interessa diretamente, as compreensões platônica e aristotélico-tomista a respeito da relação entre "ser e valor" (realidade e valor) não nos ajuda em nada, à medida que elas não estão comprometidas com aquilo que se dá no histórico, no social, no cotidiano eventual da vida. Contudo, não podemos abrir mão de compreender seus entendimentos filosóficos, desde que eles ainda se fazem presentes em nosso cotidiano por múltiplas expressões moralizantes, que não levam em conta a dinâmica da realidade geográfica, histórica e cultural, mas sim princípios assumidos como únicos e válidos; afinal, metafísicos.

Importa registar que tanto Platão quanto Aristóteles e Tomás de Aquino ainda têm seguidores no presente momento da história em que vivemos, seja de modo consciente ou de modo habitual. Vale ressaltar que isso ocorre mesmo após as vicissitudes do tempo, da cultura e dos estudos que produziram novas e significativas compreensões para a questão dos valores.

Em nosso cotidiano nos deparamos com inúmeras pessoas que, em suas condutas e falas, assumem que os valores por elas defendidos são absolutamente válidos, por isso são pautas a serem seguidas por todos. Observando o cotidiano, veremos que todos e nós mesmos tecemos afirmações sobre o mundo e a vida que apresentam características de universalidade. Elas parecem ser válidas sempre.

3.2 Filosofia moderna e contemporânea: ser e valor, fenômenos distintos

Com base nos entendimentos metafísicos, originários da Antiguidade ocidental e da Idade Média, seria impossível compreender o que se passa, hoje, no nosso cotidiano sobre avaliação, desde que nossa prática avaliativa se dá no contexto de entendimentos comprometidos com condições geográficas e socioculturais, historicamente situadas.

Importa ter ciência de que os filósofos modernos e contemporâneos romperam com a compreensão metafísica, antiga e medieval, a respeito da relação entre "ser e valor" e estabeleceram uma compreensão dessa relação de modo existencial, histórico, sociológico e antropológico, que oferece suporte para o fenômeno da avaliação em geral e da avaliação em educação, em nosso cotidiano. Iremos, a seguir, acompanhar, ainda que de maneira sucinta, os episódios desse processo.

A compreensão clássica da relação entre "ser e valor" teve sua vigência até o século XVIII, quanto o filósofo Immanuel Kant, que viveu, na Alemanha, entre os anos 1724 e 1804, estabeleceu a distinção entre esses dois fatores, rompendo com o modelo metafísico instituído pela filosofia antiga platônica e aristotélica e revitalizada pelo tomismo medieval. A partir de Kant, passou-se a compreender que "o ser é" e "o valor vale", duas fenomenologias distintas com as quais nos confrontamos no dia a dia.

Pareceria que a expressão kantiana "o ser é e o valor vale" refere-se a uma afirmação corriqueira, porém ela expressa uma ruptura fundamental no seio do pensamento filosófico ocidental, assumido como válido desde a filosofia antiga até os finais do século XVIII, e, aqui e acolá, até nossos dias para determinados grupos acadêmicos e/ou sociais.

Do ponto de vista filosófico, Kant representa um marco no que se refere à compreensão do mundo que nos cerca e na compreensão do conhecimento. Estabeleceu a distinção entre "coisa em si", metafísica (νοούμενον), e "fenômeno" (φαινόμενο), aquilo que aparece, que se dá em nossa experiência cotidiana, tendo como ponto de partida nossos sentidos. Uma ruptura conceitual básica que possibilitou novos entendimentos do mundo e da relação do ser humano com ele.

A "coisa em si", na compreensão kantiana, está comprometida com o "ser enquanto ser", aristotélico-tomista, que não se dá a conhecer através dos sentidos, mas sim através de uma compreensão abstrata, metafísica; porém, o "fenômeno" está comprometido com o cotidiano, dando-se a conhecer através dos sentidos. O valor, que nos interessa diretamente neste estudo, se dá como uma qualidade circunstancial atribuída à realidade pelo ser humano, como veremos logo a seguir.

Immanuel Kant elaborou e publicou muitas obras, abordando os variados temas da vida — tais como o conhecimento, a ética, a política, a religião, a organização social... — que representam suas compreensões a respeito da vida e do mundo circundante. Para tratar dos valores, fenomenologia que nos interessa diretamente para este estudo, o filósofo abordou aquilo que denominou de "a coisa em si", assim como abordou os fenômenos presentes na vida cotidiana, no seio das quais está a questão dos valores.

Entre suas obras, interessa-nos para a abordagem da questão do valor e da qualidade, sobretudo a *Crítica da razão prática*, onde se estabelecem os fundamentos para o agir humano, que, no caso dessa obra, estão voltados para a prática da moral, que tem seu fundamento nos "juízos categóricos *a priori*", sendo o principal deles aquele que diz: "Faze as coisas de tal forma que todos possam fazer igual a ti". Um comando universal, abstrato, *a priori*, sem conteúdo específico, tendo em vista orientar as condutas cotidianas, particulares e localizadas no espaço e no tempo.

A ação de cada ser humano individual, orientado por esse juízo categórico, passa a ter a característica de uma legislação de amplitude e validade universais, o que quer dizer que, "aquilo que fizeres, todos poderão fazer igual a ti". Essa compreensão do fundamento da moral desatrela o "agir" do "ser", ponto básico da filosofia aristotélica-tomista, no seio da qual o agir, para ser moralmente adequado, deveria seguir as determinações do ser; o mesmo ocorrendo no âmbito da compreensão platônica, para a qual a vida deve ser guiada pela busca da perfeição expressa pelo arquétipo presente no Hiperurânio, como expressão única do Ser.

Kant desatrela o "valor" (a qualidade) da "coisa em si" ou, se se preferir, desatrela o "valor" do "ser" aristotélico-tomista, como também do Ser platônico. Desse modo, no que se refere à compreensão do valor, delineia-se uma ruptura com a metafísica clássica, que colocava o "ser" como fundamento e guia para todas as coisas, inclusive para o agir humano.

A partir da visão kantiana, o fundamento do valor já não está no "ser", mas sim na escolha do ser humano, que coloca conteúdo no "juízo formal *a priori*". À medida que um ser humano individual escolhe praticar uma ação, ele assume o papel de *legislador universal*, isto é, seu modo de agir — a decisão que toma — "coloca conteúdo" na afirmação universal, formal e a priori, acontecimento que permite que *todos* ajam de modo equivalente, à medida que, "aquilo que um fizer, todos poderão fazer". A qualidade de uma ação se dá de maneira atrelada às escolhas circunstanciais e históricas dos sujeitos humanos. No ver de Kant, o valor depende da decisão individual do sujeito, que se torna um "legislador universal", desde que sua escolha permite que todos os seus pares e concidadãos escolham de forma equivalente. Sua escolha determina, para todos, o padrão daquilo que é positivo ou negativo.

Em Kant, o valor passa a depender de um imperativo categórico, isto é, de um mandato a priori que convida a decisão de cada sujeito humano — "faze as coisas de tal forma que todos possam fazer igual a ti". Mais: o ser humano, ao praticar uma ação em obediência a esse mandato, torna-se um legislador universal, à medida que sua ação autoriza todos a agirem de forma semelhante. Desse modo, o valor (a qualidade) não depende mais do "ser" metafísico e universal, seja ele platônico ou aristotélico-tomista, mas sim da escolha humana. O critério de validade de um valor desatrela-se do ser metafísico e passa a depender das circunstâncias históricas e sociais.

Esse salto histórico na compreensão da relação entre "ser" e "valor" nos permite, hoje, compreender que a avaliação, no cotidiano, se processa pela relação que o ser humano — situado geográfica e culturalmente — estabelece entre a realidade descrita (fenomenologia) e os padrões de qualidade escolhidos e assumidos como válidos nos diversos e variados campos da vida individual e coletiva. O valor é escolhido historicamente, ao invés de ser dado metafisicamente.

Nesse contexto, abre-se mão de valores absolutos, assumidos filosoficamente pelas autoridades no passado ocidental, fossem elas autoridades políticas ou religiosas. Os valores perderam, então, sua validade universal e impositiva e passaram a estar comprometidos com as circunstâncias sociais e históricas onde se dão e têm vigência.

Nessa perspectiva, os valores sempre serão relativos, o que implica a necessidade permanente de se estabelecer critérios para configurar a qualidade admitida como satisfatória dentro de uma escala, que varia entre o negativo e o positivo. Critérios esses baseados, ao mesmo tempo, nas finalidades individuais e coletivas da vida humana, assim como na circunstancialidade do presente.

Importa, pois, perceber que, historicamente, transitamos do valor absoluto, como característica metafísica do "ser" (Platão, Aristóteles, Tomás de Aquino) para o valor relativo às circunstâncias históricas e sociais onde se vive. Os critérios que nos possibilitam estabelecer o "valor válido" deixam de ser metafísicos e passam a ser circunstanciais. Fator que permite compreender como se processa metodologicamene a avaliação em educação.

Do ponto de vista da educação formal, âmbito que nos interessa diretamente nesse escrito, o valor válido estará definido na cultura dentro da qual vivemos, transformada em currículo escolar, plano de ensino e atividade pedagógica em sala de aula.

4. Passos metodológicos da investigação avaliativa

Tendo por base os entendimentos anteriormente abordados nesse texto, no que se segue, configuraremos os passos próprios da prática investigativa dos valores (qualidades), de tal forma que possamos, ao mesmo tempo, compreender e operacionalizar nossos atos avaliativos no cotidiano, seja ele pessoal ou profissional e, no caso deste livro, na prática educativa.

4.1 Primeiro passo do ato de avaliar: definir o objeto de investigação e o padrão de qualidade admitido como satisfatório

Ao praticar intencionalmente um ato de avaliar como ato de investigar a qualidade de uma realidade, o primeiro cuidado necessário do investigador é definir o objeto da investigação avaliativa, que implica:
1. delimitar o contorno do objeto da investigação por meio da identificação das variáveis essenciais a serem levadas em consideração como guias na coleta de dados e, posteriormente, na leitura dos dados coletados;
2. definir os recursos técnicos necessários para a coleta dos dados, tendo em vista descrever seu objeto de estudo;
3. estabelecer o critério de qualidade assumido como satisfatório, tendo em vista viabilizar a qualificação da realidade investigada através da comparação entre sua descritiva e padrão de qualidade aceitável.

Explicitando os indicadores citados: em um projeto de investigação avaliativa, importa, em primeiro lugar, delimitar aquilo que se vai investigar, através do levantamento do conjunto de variáveis que configure aquilo que se deseja conhecer. Por vezes, de modo especial, na prática educativa escolar, nem sempre essa determinação é cumprida, como teremos oportunidade de verificar em capítulos subsequentes.

Em segundo lugar, após definir o objeto da investigação avaliativa, importa escolher e selecionar os recursos técnicos para a "coleta dos dados", que garantam uma descritiva consistente da realidade a ser investigada, que, por sua vez, servirá de base para a atribuição de qualidade ao objeto em estudo. Nossa capacidade de observar e descrever a realidade é limitada, então, uma investigação consistente exige recursos mediadores que ampliem nossa capacidade de observá-la e descrevê-la.

No processo de coletar dados para descrever uma realidade de modo consciente e consistente, importa usar instrumentos, metodologicamente estruturados e adequados aos objetivos da investigação, que podem variar desde um roteiro de observação, um roteiro de entrevista, um questionário, até instrumentos sofisticados, tais como recursos óticos, físicos, bioquímicos, eletrônicos e outros mais, que viabilizem observar a realidade, coletando seus dados essenciais, tendo em vista proceder sua descritiva da forma mais precisa possível.

Os recursos técnicos de coleta de dados serão selecionados e elaborados, tendo como base as características do objeto a ser investigado. Não importa, em primeiro lugar, a sofisticação dos recursos técnicos de coleta de dados, importa sim que eles — sofisticados ou não — coletem os dados da realidade que viabilizem garantir ao investigador uma adequada descritiva do seu objeto de estudo.

Sem uma cuidadosa definição da coleta de dados em torno do objeto da investigação — seja em termos de sua configuração, seja em termos dos recursos de coleta de dados —, podemos ser conduzidos a enganos nas afirmações que viermos a fazer a respeito da qualidade da realidade investigada (avaliação). Evidentemente, que poderá ocorrer situação semelhante no campo da investigação científica, caso cuidados equivalentes não sejam tomados.

O terceiro e último componente do projeto de investigação avaliativa refere-se à necessidade de o avaliador ter presente (ou estabelecer) o padrão de qualidade do objeto a ser investigado e assumido como satisfatório. Sem esse critério de qualidade, não há como praticar a investigação avaliativa, desde que, por sua característica epistemológica, a qualidade da realidade é revelada por comparação entre realidade descrita e padrão de qualidade aceitável.

Isso implica que, na configuração do objeto de investigação avaliativa, há necessidade de o avaliador estar atento aos seus dois componentes fundamentais — descritiva da realidade e comparação entre realidade descrita e critério de qualidade, em conformidade com a definição epistemológica já exposta neste capítulo, tendo em vista, ao final do processo investigativo, verificar se a realidade descrita preenche, ou não, o padrão de qualidade previamente estabelecido. Caso preencha, a qualidade será positiva; caso contrário, será admitida como negativa.

Em síntese, qualquer investigação — seja ela científica ou avaliativa — exige um projeto, um protocolo de cuidados teórico-metodológicos, caso o investigador tenha o efetivo desejo de compreender e revelar os parâmetros da realidade investigada. No caso, a investigação, seja ela avaliativa ou científica, não se pode estar isento dessa tarefa. Como o cientista busca fugir do senso comum tendo em vista produzir a ciência, o avaliador necessita integrar e ultrapassar o senso comum emocional, caso efetivamente tenha desejo de produzir conhecimentos avaliativos, que possam subsidiar decisões significativas, seja em projetos de ação, seja nas variadas circunstâncias da vida social.

4.2 Segundo passo do ato de avaliar: produzir uma descritiva da realidade como base para a identificação de sua qualidade

Tendo em mãos o projeto da ação investigativa, o pesquisador necessita partir para a ação de coletar os dados necessários tendo em vista *descrever seu objeto de estudo*. Isso ocorre, de modo habitual no cotidiano de cada um de nós, porém, torna-se uma necessidade, consciente e explícita, no contexto de uma investigação intencionalmente proposta.

Em nossos atos cotidianos, praticamos a coleta de dados sobre a realidade a ser avaliada sem nos darmos conta da sequência de passos de nossa ação, desde que esse tipo de investigação ocorre de modo imediato, espontâneo, habitual; porém, no âmbito da investigação, metodológica e conscientemente definida, há necessidade da clareza e precisão a respeito de todos os cuidados necessários para que o objeto de investigação *seja descrito* com os requisitos e os cuidados necessários, garantindo sua abrangência e validade.

A instantaneidade das ações no cotidiano não nos permite a percepção dos passos seguidos sequencialmente na investigação da qualidade da realidade, desde que, nesse contexto, a ação aparece como *um todo*; no entanto, ela está constituída por uma sequência de partes ou passos, identificáveis somente quando nos colocamos a observá-la atenta, cuidadosa e criticamente.

Caso o leitor se dedique a observar o cotidiano, verificará que nenhum de seus atos se dá *sem ser precedido por uma investigação avaliativa*, mesmo que ela se processe pelo senso comum, como também de forma habitual e instantânea ou ainda automaticamente pelo sistema nervoso de cada um de nós. Tendo em vista agir, sempre praticamos uma escolha, por mais fugaz que ela seja; e toda escolha está fundamentada em um ato de investigação da qualidade da realidade, ainda que seja de forma habitual. A investigação da qualidade da realidade subsidia a escolha, desde que não há escolha sem a precedência de um ato avaliativo, por mais tênue que ele seja.

Por exemplo, ao cozer um alimento no fogão de nossa residência, a todo momento, aparentemente de modo quase que instintivo, praticamos atos de investigação da qualidade do alimento que estamos preparando. Toda pessoa que está a cozinhar um alimento, experimenta-o muitas vezes durante o cozimento, tendo em vista verificar a necessidade de novas decisões na perspectiva da melhoria de sua qualidade. Todos nós já nos defrontamos múltiplas vezes com essa cena no processo de cozimento de um alimento, seja na condição de cozinheiro, seja na condição de observador de outro a preparar uma comida.

Em múltiplos outros atos do cotidiano, podemos observar a universalidade dessa conduta, como ao escolhermos o traçado de um caminho para chegar a algum lugar, ou ao escolhermos um alimento que nos agrada e descartarmos outro que nos desagrada, e desse modo por diante. Universalmente, não existe escolha que não seja precedida de um ato avaliativo, seja ele habitual e automático por parte de nosso sistema nervoso ou consciente.

Já, ao praticar o ato de avaliar, no contexto de projetos de ação e em situações complexas, há necessidade de ele ser conduzido sempre de forma metodologicamente consciente, tendo em vista garantir que a identificação da qualidade do objeto abordado seja consistente e, por isso, tenha sustentabilidade e validade. Nesse contexto, a coleta de dados a respeito do objeto submetido à investigação avaliativa deverá ser precisa e praticada com rigor metodológico.

Para auxiliar na compreensão daquilo que vimos expondo acima, tomemos uma situação onde a coleta de dados, metodologicamente conduzida, se apresenta como um requisito necessário e vital.

Uma pessoa dirige-se a um consultório médico, tendo em vista um atendimento relativo a um distúrbio de saúde, pelo qual está passando. Nesse contexto, certamente que, na avaliação do estado de saúde desse cidadão, o médico agirá, pautado em um protocolo metodológico consciente e consistente, decorrente de seus estudos, sua formação e de sua experiência pessoal na área em que atua. Um dos componentes indispensáveis desse protocolo é a coleta de dados a respeito do quadro de saúde do cliente, que se apresenta para a consulta. Ao atendê-lo, o médico, consciente do seu papel, seguirá rigorosamente passos metodológicos para obter a melhor *descritiva* do seu quadro de saúde. Deverá seguir, pois, os passos de "um protocolo de investigação".

De início, fará uma anamnese, que equivale a uma retomada de todas as queixas que foram expostas pelo cliente; a seguir, fará um exame clínico, observando, no corpo do cliente, aquilo que for pertinente à queixa apresentada e, sendo necessário, terá a atenção voltada para fatores correlatos à demanda do cliente; por último, se necessário, tendo em vista completar sua coleta de dados a respeito do quadro de saúde do referido cliente, poderá indicar ainda investigações laboratoriais, tais como de sangue, de urina, de fezes, e prescreverá ainda investigações por imagem, tais como raio x, ultrassom, tomografia, ressonância magnética...

Com os resultados de todas essas coletas de dados sobre o estado de saúde do cliente, o profissional procederá a efetiva descrição da situação, levando em conta, de um lado, as queixas apresentadas por ocasião do seu primeiro contato com ele, e, por outro, todos os dados coletados. Desse processo, emergirá um "retrato" da situação, base para o subsequente passo no exercício da investigação avaliativa, que se refere à qualificação da realidade investigada.

Toda e qualquer coleta de dados, no contexto de uma investigação avaliativa, deverá ser executada com rigoroso cuidado metodológico, como o descrito acima; fato que conduz a compreender que a prática da investigação avaliativa em educação — em sala de aula ou em outras instâncias da prática educativa — deverá ser pautada por cuidados semelhantes, sob pena de enganos, que serão sempre desastrosos na condução da ação. Os cuidados metodológicos necessários para a coleta de dados nos procedimentos avaliativos da aprendizagem escolar, assim como de outros componentes da ação educativa, serão explicitados em capítulos subsequentes deste livro. Por enquanto, como este livro é destinado essencialmente para educadores, importa a consciência da necessidade de atenção a esses cuidados.

4.3 Terceiro passo do ato de avaliar: atribuir qualidade à realidade descrita

A qualidade da realidade é revelada em uma investigação avaliativa através da atribuição de qualidade à realidade, seja ela material, psicológica, cultural, religiosa, emocional, entre outras. O procedimento se dá por meio de uma comparação da realidade descrita com um padrão/critério de qualidade, assumido como satisfatório.

Existem os critérios de qualidade que usamos espontaneamente no cotidiano, no âmbito do senso comum, em função do qual emitimos nossas opiniões, que, na quase totalidade das vezes, trazem a marca da subjetividade individual, vinculada aos estados emocionais de cada um de nós. As afirmações, tais como "Para mim, é assim", "Eu sinto que é dessa forma" e "Eu julgo desse modo", estão comprometidas com uma qualidade assumida espontânea e subjetivamente como válida em nosso cotidiano, válida ao menos para o sujeito que as expressa.

Por outro lado, também existe a modalidade de atribuição de qualidade à realidade que é consistente, consciente e crítica, desde que tem sua base em cuidados metodológicos estabelecidos e levados em conta para garantir que a identificação da qualidade de um objeto em estudo seja válida.

O padrão de qualidade, nessas situações, está para além da pura subjetividade, desde que estabelecido criteriosamente segundo parâmetros da circunstância histórico-social em que se age e se vive. Ainda que a qualidade desejada da realidade esteja comprometida com a *circunstância* onde a realidade a ser avaliada se dá — seja uma circunstância material, cultural ou emocional —, importa ficarmos conscientes de que ela será considerada como "válida", no sentido de que não podemos abrir mão dela, a menos que aceitemos uma qualidade menos satisfatória do resultado da ação ou dos objetos naturais ou socioculturais, que estão sendo avaliados. Usualmente, quando se projeta uma ação, estabelece-se ao mesmo tempo a qualidade desejada do seu resultado. Ninguém decide e investe em uma ação sem ter previamente noção do resultado que se deseja obter com sua consequente qualidade.

Por exemplo, qual a conduta satisfatória de um piloto de um avião comercial, seja como condutor da aeronave, seja em suas relações com os outros profissionais que atuam nesse meio de locomoção, assim como com os viajantes usuários da aeronave que pilota? Qual a conduta satisfatória de um cirurgião cardíaco em sua atividade, mas também em relação aos pares na sala de cirurgia, assim como em relação ao hospital no qual trabalha, entre outros aspectos? Que qualidade deve ter uma laje ou uma viga na construção de um determinado prédio, tendo em vista suportar o peso sobreposto a elas ou funcionar como piso? Que qualidade deve ter a conduta de um psicoterapeuta ao atender um cliente? Que qualidade deve ter a obturação de um dente, a fim de que seja considerada satisfatória? Que qualidade deve apresentar uma joia, que se afirma ter 24 quilates/ouro? Que qualidade deve ter a conduta de um motorista no trânsito de nossas cidades? Que qualidade deve ter a aprendizagem de um estudante em determinado conteúdo curricular ensinado na escola?

Enfim, todos os resultados de uma ação, sejam eles materiais, existenciais, éticos, políticos ou religiosos, para serem considerados satisfatórios, devem atingir um padrão de qualidade desejado, previamente estabelecido. A posse de um padrão de qualidade é básica para se processar esse terceiro passo metodológico da investigação avaliativa. Em todas as práticas avaliativas, o padrão de qualidade, assumido como válido, garante que, sem esse nível de qualidade, o resultado da ação ou dos objetos avaliados não são aceitáveis.

No Brasil, por exemplo, a ABNT (Associação Brasileira de Normas Técnicas) oferece parâmetros rigorosos de qualidade para múltiplas atividades humanas, como também para múltiplos produtos circulantes no país. Os parâmetros de qualidade admitidos pela ABNT subsidiam as investigações da qualidade, sejam elas das referidas condutas ou dos referidos produtos.

A investigação avaliativa, como seu resultado final, produz a revelação da qualidade do objeto investigado, no momento em que o investigador *compara a realidade descrita*, obtida pela planejada coleta de dados, *com o padrão de qualidade* assumido como válido para o objeto em estudo, com o qual se está atuando. Esse terceiro passo da investigação avaliativa completa o seu percurso epistemológico.

No caso do ensino-aprendizagem na atividade escolar, o plano de coleta de dados e o padrão de qualidade estarão configurados pelos conteúdos curriculares, traduzidos em plano de ensino e plano de aula.

Concluindo

Para sintetizar, o ato avaliativo é um ato de investigar a qualidade da realidade. A avaliação é um dos três atos cognitivos universais do ser humano: conhecer fatos, conhecer valores e agir. Repetindo reiteradamente o conceito exposto, não existe ato humano, inclusive aqueles admitidos como reflexos, que não seja precedido de um ato avaliativo; ele subsidia a escolha, por isso é básico para toda e qualquer ação.

A humanidade, durante toda sua trajetória histórica, procurou compreender essa fenomenologia e, por enquanto, a compreensão filosófica moderna e contemporânea é aquela que melhor responde às nossas necessidades, entendendo que os valores são circunstanciais e atribuídos à realidade. Entendimento válido também para a prática da avaliação em educação, tema de estudo do presente livro.

Uma investigação avaliativa exige do avaliador cuidados com três passos metodológicos: (01) elaboração de um projeto de investigação; (02) produção de uma consistente descritiva do objeto da investigação, (03) revelação da qualidade da realidade investigada, através da comparação da realidade descrita com os parâmetros de qualidade assumidos como válidos. Caso a realidade descrita preencha as variáveis do critério de qualidade, assumido como positivo, ela será qualificada como satisfatória; caso não preencha essas variáveis, será qualificada como insatisfatória.

O ato avaliativo se encerra nesse ponto e, desse ponto em diante, caberá ao gestor de uma ação, não ao avaliador, as decisões a respeito de como servir-se do conhecimento a respeito da qualidade da realidade, produzida pela investigação avaliativa, tendo em vista a ação que administra.

Em síntese, para praticar atos avaliativos, importa estarmos conscientes da epistemologia, que permite sua compreensão, assim como os passos metodológicos necessários à sua condução. Sem essa compreensão e direcionamento, provavelmente a avaliação não se realizará a contento e com o rigor necessário, fator que implicará distorções para a intervenção na realidade.

Capítulo 2

USO DOS RESULTADOS DA INVESTIGAÇÃO AVALIATIVA

Encerramos o capítulo anterior deste livro sinalizando que o ato de avaliar se encerra com a revelação da qualidade da realidade investigada, sendo base para as decisões do gestor da ação.

Atividade diversa, e, para além da investigação avaliativa, está o *uso dos seus resultados* sob três modalidades possíveis: *diagnóstico, probatório e seletivo*. Os usos dos resultados do ato avaliativo em educação, nesse contexto, podem estar comprometidos com um indivíduo (o estudante), sua ação e seu desempenho em sua aprendizagem; ou com uma instituição educativa e seu respectivo desempenho; ou ainda com um sistema de ensino e seu respectivo desempenho.

O que significa a afirmação de que o ato de avaliar "encerra seu papel epistemológico com a qualificação da realidade"? O ato avaliativo, como investigação da qualidade da realidade, se encerra quando, através de seus procedimentos metodológicos e técnicos, revela a qualidade da realidade investigada. Significa também que os *usos* dos resultados decorrentes da investigação avaliativa situam-se "para além dela", propriamente, no âmbito da conduta do gestor da ação, que se serve desses resultados, tendo em vista subsidiar suas decisões.

O ato de avaliar não atua, *por si mesmo*, na produção dos resultados da ação. Como investigação, o ato de avaliar simplesmente revela a qualidade da realidade. Os usos de suas revelações, como base para decisões, são da responsabilidade do gestor da ação avaliada, que, tomando em mãos o conhecimento obtido, faz escolhas e toma decisões. Isso nos ensina que a "tomada de decisão", com base nos resultados da investigação avaliativa, não pertence ao âmbito da avaliação, como já sinalizado antes neste livro, mas, sim, ao âmbito de quem decide sobre o agir e sobre o modo de agir.

A seguir, abordaremos os três usos possíveis dos resultados da investigação avaliativa: diagnóstico, probatório e seletivo.

1. Usos diagnóstico, probatório e seletivo dos resultados da investigação avaliativa

O *uso diagnóstico* dos resultados da avaliação é universal e constante na vida humana e se dá no contexto de uma ação em processo, subsidiando decisões, tendo em vista a busca dos resultados qualitativamente desejados. Não existe ato na vida humana que não seja precedido de uma investigação avaliativa, com o consequente uso diagnóstico do seu resultado, seja de modo habitual na vivência intermitente do dia a dia, seja nos atos conscientes e intencionais, onde se investiga metodologicamente a qualidade da realidade, subsidiando decisões também intencionais e possivelmente complexas.

O fato é que o ser humano age com base em escolhas "do que e de como fazer" diante das ocorrências da vida. E, essas escolhas assentam-se na identificação e no reconhecimento da qualidade da realidade, decorrente de sua investigação, ocorra essa investigação de modo habitual e comum ou de modo intencional e consciente.

Nosso sistema nervoso representa um modelo ímpar de investigação da qualidade da realidade e do uso consequente dos seus resultados. Queiramos, ou não, nosso *sistema nervoso autônomo*, no decurso das vinte e quatro horas do dia, está alerta e investigando a qualidade daquilo que ocorre internamente em nosso organismo como também a qualidade da realidade que nos cerca; e, com base nos resultados dessa investigação intermitente e autônoma, toma decisões, assim como nos sinaliza a necessidade de intervenções, tendo em vista nosso conforto.

Nosso sistema nervoso está constante e intermitentemente investigando os componentes do nosso corpo, assim como o funcionamento do nosso organismo, ao tempo que usa diagnosticamente os resultados dessa permanente investigação tomando decisões automáticas, instante a instante, a fim de que mantenhamos um quadro saudável de vida ou nos alertando, através de variadíssimos sinais e sintomas, de que necessitamos cuidar de aspectos de nossa vida e saúde.

Com o seu modo de ser, o sistema nervoso autônomo nos ensina a utilizar os resultados da investigação avaliativa *de modo diagnóstico*, ou seja, subsidiando a correção constante dos rumos da ação, no caso, a fim de que nosso organismo funcione a contento.

Então, o uso diagnóstico dos resultados da investigação avaliativa é natural e universal, à medida que, no caso, subsidia decisões autônomas do nosso sistema nervoso, isto é, que intermitentemente investiga e sucessivamente usa os resultados de sua investigação.

Passando para o campo de nossas decisões conscientes, a possibilidade do uso diagnóstico continua se dar de forma semelhante, seja no contexto cotidiano de cada um de nós, através de um modo habitual de agir, seja no contexto de decisões conscientes e intencionais. A função dos resultados de uma investigação avaliativa no decorrer de uma ação é subsidiar decisões relativas à essa mesma ação.

O uso diagnóstico dos resultados do ato de avaliar só pode ocorrer *quando a ação se encontra em andamento*, desde que seus resultados ainda podem ser modificados. No caso, em um percurso de ação, após identificação da qualidade dos resultados já obtidos em determinado momento da sua execução, o seu gestor decide se a qualidade do objeto em estudo já atingiu o seu ponto de satisfatoriedade (qualidade probatória) ou se ainda há necessidade de novas intervenções, tendo em vista obter a satisfatoriedade desejada dos resultados.

Então, caso se tenha o efetivo desejo de que a referida qualidade atinja o padrão previamente definido, há necessidade de que o gestor da ação em curso tenha sua atenção voltada para a busca dessa *qualidade*, como meta do projeto sob sua responsabilidade.

Todo planejador, ao configurar um projeto de ação, seja ele simples ou complexo, prevê o padrão de qualidade necessário e aceitável do resultado da ação que será administrada por si mesmo ou por outro. Na circunstância do planejamento da ação, define-se o padrão de qualidade a ser atingido *ao final* do seu percurso ou um padrão de qualidade a ser mantido *no decurso* dos sucessivos momentos da ação, como ocorre, por exemplo, no contexto de uma ação intermitente que necessita de um controle de qualidade, sempre em um padrão estável, como deve ocorrer com o controle da qualidade da água oferecida ao público nas cidades, ou de outros produtos que necessitam de uma qualidade estável. Nesse caso, cabe à investigação avaliativa revelar se a qualidade da realidade avaliada está no nível aceitável, acima ou abaixo dele. Caberá ao gestor ou ao sistema que o substituiu corrigir, se necessário, quando a qualidade estabelecida não é atingida.

Em síntese, o uso diagnóstico dos resultados da avaliação subsidia o gestor de um projeto, ou de uma ação, nas decisões sucessivas para a obtenção da qualidade assumida como necessária, ou seja, subsidia as decisões construtivas do resultado estabelecido como meta da ação proposta.

Já o *uso probatório*[1] dos resultados da investigação avaliativa se dá ao final do percurso de uma ação, ocasião em que seu gestor decide

---

1. Importa distinguir entre uso probatório dos resultados do ato avaliativo e classificação. O uso probatório ocorre quando o gestor da ação toma os resultados da investigação avaliativa tendo em vista tomar a decisão de aprovar/não aprovar o objeto com a qualidade já obtida. Já classificação está comprometida simplesmente com a alocação de um objeto de investigação qualitativa dentro de uma escala de qualidades previamente estabelecida. O uso probatório subsidia o gestor a ter ciência a respeito da qualidade de sua ação, desde que está baseado na meta onde deve chegar. A classificação simplesmente aloca o objeto numa escala de qualidades. Vale observar que a classificação oferece ao gestor um mapa de qualidades, para mais ou para menos, onde está alocado seu objeto de ação em termos de qualidade.

pela aprovação ou reprovação do objeto investigado a partir da sua qualificação, podendo esse objeto de investigação ser pessoas, bens, experiências ou produtos, assim como produtos decorrentes da ação da natureza. Frente à qualidade revelada pelos procedimentos avaliativos, o gestor da ação poderá decidir por aprovar ou reprovar todos os objetos ou sujeitos investigados, ou para aprovar uma parte deles e reprovar outra. Importa frisar que essa modalidade de uso dos resultados do ato avaliativo — uso probatório — só poderá ser praticada assumindo-se que o seu objeto de estudo se encontra em sua forma final, pronta, estando encerrada a ação que o produziu.

Usualmente, *a qualidade probatória serve como meta da ação do gestor*, que age em sua busca, para tanto servindo-se do uso diagnóstico dos resultados da avaliação, como sinalizador das decisões que necessita tomar.

Há, pois, uma relação constante e necessária entre o uso diagnóstico e o uso probatório dos resultados de uma ação, sendo que o uso diagnóstico subsidia o gestor a atingir a qualidade aceitável (probatória) em decorrência de suas tomadas de decisão. A meta dá qualidade desejada é um farol a iluminar as decisões do gestor da ação, a fim de que ela seja obtida.

O *uso seletivo* é a terceira modalidade possível de uso dos resultados da investigação avaliativa. Esse uso se faz presente em situações que implicam concursos, praticados em diversas e variadas áreas da vida humana. Nesse contexto, alguns objetos da investigação avaliativa serão selecionados positivamente *a partir* da qualidade probatória que manifestam; outros serão excluídos. Importa registrar, aqui, que os resultados da investigação avaliativa sobre os resultados *já obtidos* estão postos exclusivamente a serviço da classificação, para uso da qual existirão regras de corte, isto é, regras de aprovação ou reprovação.

No caso, os resultados, que permitem o seu uso seletivo, decorrem da submissão dos objetos do ato avaliativo — pessoas, experiências, produtos — a uma prova, *que se dá de forma única* e inapelável. Nos jogos olímpicos dos antigos gregos ou dos antigos romanos, por exemplo, alguns competidores eram premiados e muitos excluídos; no conjunto das competições atuais no futebol, na natação, no basquetebol... alguns serão selecionados como "os melhores", outros serão excluídos dessa categoria. Processo seletivo semelhante ocorre com os variados produtos que nos cercam, decorrentes de ações artesanais ou industriais, quando submetidos a um sistema de avaliação.

Os concursos públicos para preenchimento de vagas em instituições, ou para a seleção de produtos a serem oferecidos no mercado, são modelos de usos seletivos dos resultados da investigação avaliativa, desde que, quando praticados em suas múltiplas possibilidades, admitem alguns — os aprovados — e excluem os outros concorrentes.

Observar que, nesse contexto, o ato avaliativo não incide sobre resultados *de uma ação em processo*, mas sim sobre resultados *de uma ação já encerrada* em suas intervenções. O esportista, por exemplo, demonstra durante os jogos as habilidades que adquiriu em seus treinamentos prévios, ocasião em que atuou o uso diagnóstico dos resultados da avaliação, subsidiando a busca pela meta desejada (a habilidade do esportista) em decorrência dos investimentos no treinamento. A competição se dá a partir da qualidade probatória atingida pelo esportista em busca de uma classificação satisfatória, que, no caso, será *seletiva*. Fenomenologia semelhante ocorrerá em qualquer outra situação, como pode ser a seleção de produtos artesanais ou industriais. O uso seletivo dos resultados da avaliação incidirá sobre produtos admitidos como prontos, podendo, exclusivamente, serem aprovados ou reprovados, já não havendo mais possibilidades de intervenções para sua melhoria em termos de qualidade.

Em nossos sistemas educativos ocidentais, de modo comum, cotidianamente, se tem feito uso seletivo dos resultados das investigações avaliativas. Alguns são aprovados e muitos reprovados. Não é por acaso que, em nossas escolas, ainda perdura a denominação de "provas" ou de "provas finais", a depender da ocasião em que são praticadas, que levam em conta a aprendizagem manifesta no *aqui e agora*, não importando se o estudante, "antes", tinha aprendido ou se poderá aprender "depois" desse evento. Só interessa pontualmente a posse dos conhecimentos e habilidades no aqui e agora.

2. Inter-relação entre os usos diagnóstico, probatório e seletivo dos resultados da avaliação

Vale observar que, em decorrência dos conceitos, acima expostos, o uso probatório dos resultados da avaliação mantém relação tanto com o seu uso diagnóstico como com o seu uso seletivo, desde que, no primeiro caso, ele expressa a meta da qualidade a ser atingida pela ação e, no segundo, ele é ponto de partida para a prática da seleção, desde que se assuma que a qualidade atingida é suficiente para tanto.

A relação *diagnóstico/probatório* expressa um modo natural do uso dos resultados do ato avaliativo, desde que é natural ao ser humano ter uma meta probatória de qualidade para os resultados de sua ação; como é natural também, para atingir essa meta, a necessidade de servir-se do uso diagnóstico desses dados, como um sinalizador da qualidade dos resultados da ação em andamento.

Todo ser humano, consciente ou inconscientemente, tem uma meta desejada ao agir e, para atingi-la, pratica atos avaliativos constantes, como, também de modo sucessivo, toma decisões, tendo em vista chegar ao resultado desejado, com a qualidade desejada. Em síntese, uso diagnóstico dos resultados da avaliação é colocado a serviço da qualidade desejada dos resultados como meta da ação.

Já o *uso probatório/seletivo* dos resultados do ato avaliativo implica no estabelecimento de uma meta de qualidade para o objeto da investigação avaliativa — pessoas, objetos, experiências... —, acima da qual todos serão aprovados e, pois, *selecionados* positivamente e, abaixo da qual, serão reprovados e excluídos.

Importa sinalizar que, mesmo após atingir o nível de aprovação, uma pessoa, uma experiência ou um projeto... podem seguir para uma segunda classificação probatória, isto é, os aprovados ainda serão classificados, por exemplo, numa ordem descendente, seguindo do topo da classificação para a parte inferior; ou numa ordem ascendente, do ponto de aprovação para qualidades mais refinadas.

Essas duas conjugações de uso dos resultados da investigação avaliativa se dão cotidianamente em nossa vida social. A primeira delas se dá quase que de modo natural e funcional, em todos os nossos atos. Usualmente agimos e tomamos decisões para chegar ao resultado de nossa ação com a qualidade desejada. Certamente que nos projetos de ação, intencionalmente elaborados e propostos, esse uso necessitará ser plenamente consciente. A segunda modalidade de inter-relação se dá em decorrência de uma decisão de aprovar ou reprovar objetos, pessoas, projetos, que, através da investigação avaliativa, revelaram ter atingido, ou não, determinado padrão de qualidade. Aqueles que atingiram o padrão de qualidade desejado serão aprovados e aqueles que não o atingiram serão excluídos. O padrão de qualidade passa a ser um ponto de corte.

Os usos conjugados dos resultados da investigação avaliativa — diagnóstico/probatório e probatório/seletivo —, de fato, redundam em dois usos que podem simplesmente ser denominados de *diagnóstico* e *seletivo*. O uso diagnóstico subsidia chegar ao padrão de qualidade desejado e o uso seletivo inclui os objetos, pessoas, experiências, projetos que atingiram a qualidade estabelecida como ponto de corte e exclui objetos, pessoas experiências, projetos que não atingiram o referido padrão de qualidade estabelecido.

Desse modo, para o uso cotidiano, será mais cômodo nos servirmos somente de duas denominações: *uso diagnóstico*, como aquele que subsidia o gestor da ação em suas tomadas de decisão tendo em vista a produção do resultado com a qualidade almejada, e *uso seletivo*, como aquele que tem por base um padrão de qualidade admitido como o ponto de corte, selecionando positivamente acima desse ponto e excludentemente abaixo dele, fator que possibilita estabelecer uma classificação descendente ou ascendente dos aprovados ou dos reprovados, em conformidade com o critério estabelecido pelo gestor da ação ou de normas previamente estabelecidas.

Desse modo, no que se segue, neste livro, o leitor encontrará somente duas denominações para o uso dos resultados do ato avaliativo:
a. uso diagnóstico — modalidade de uso dos resultados da investigação avaliativa de uma determinada ação a serviço da tomada de decisão do seu gestor na busca de resultados com a qualidade desejada;
b. uso seletivo — modalidade de uso dos resultados da avaliação que tem como ponto de partida uma classificação de todos os participantes da investigação avaliativa — pessoas, objetos, experiências... — seja na direção descendente (do melhor para o pior) ou na direção ascendente (do pior para o melhor), com um ponto de corte, *no qual e acima do qual*, seletivamente, estarão alocados os *admitidos*, isto é, aqueles que atingiram o padrão de qualidade desejado, e abaixo do qual estarão alocados os *excluídos*, aqueles que não atingiram o padrão de qualidade desejado.

Em síntese, quem decide pela forma de uso dos resultados da investigação avaliativa — diagnóstico ou seletivo — é o gestor da ação, desde que é ele quem decide e administra os recursos utilizados no decurso da ação, assim como os resultados obtidos ao final da própria ação. Lembrar que o gestor da ação pode ser um indivíduo ou uma instituição, representada por um grupo de pessoas.

3. Curva estatística como recurso de leitura dos dados da investigação avaliativa

As curvas estatísticas expressam dados coletivos, tais como de grupos, de segmentos sociais, da sociedade como um todo, enfim, dados do coletivo, por isso útil, no caso, para a leitura dos dados relativos às turmas de estudantes em salas de aula, às nossas instituições escolares, assim como às instâncias administrativas do sistema de ensino.

O modelo de curva estatística elaborada por Gauss (Johann Carl Friedrich Gauss, 1777-1855), denominada "curva normal", pode auxiliar-nos, de forma gráfica e visual, a compreender e expressar os resultados das investigações em geral, como também da investigação avaliativa.

A curva estatística, proposta por Gauss, admite que tudo o que existe pode ser expresso por esse desenho gráfico que expressa a distribuição das informações obtidas numa investigação dentro de uma tabela de categorias "inferior, médio e superior".

O desenho gráfico da denominada "curva normal" informa que um grande número dos investigados, uma grande maioria — composta por pessoas, experiências, bens ou produtos — é alocado na categoria "médio", um número menor de exemplares é alocado na categoria "superior" (lado direito da curva) e outra quantidade, aproximadamente semelhante, é alocada na categoria "inferior" (lado esquerdo da curva estatística), fatores que expressam um equilíbrio nesse modelo de desenho da curva estatística.

Por essa razão, é considerada uma curva estatística *simétrica*, tendo um maior volume de fenômenos investigados alocados no espaço "médio" do desenho da curva e menores volumes nas pontas do mesmo desenho, níveis "inferior" e "superior". Usualmente, afirma-se que o desenho gráfico dessa curva estatística se parece com o perfil de um chapéu, alto e largo no meio e raso nas abas, como se pode ver no desenho a seguir:

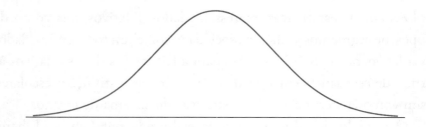

A curva normal é a visão mais comum que se tem da distribuição estatística de um grupo de pessoas ou de um grupo de objetos estudados, com base em variáveis previamente escolhidas; cada variável da realidade, usualmente, é expressa através de um gráfico.

No seu desenho clássico, a curva normal estatística pode expressar uma visão conservadora de uma população (pessoas, objetos...), segundo a qual se crê que a realidade apresentará de modo constante uma determinada configuração, com maior volume de indivíduos no espaço "médio" e volumes menores nas extremidades "inferior" e "superior" da curva[2]. No caso de estatísticas relativas aos comportamentos humanos, a tendência desse modelo de curva estatística seria revelar que não haveria possibilidade de mobilidade dos participantes, de modo especial, em direção ao segmento superior da curva, desde que, nesse entendimento, a alocação no topo da curva é destino para poucos, para casos especiais.

Todavia, pode-se ler os resultados de uma curva estatística de um modo nada conservador, como suporte para decisões construtivas em

---

2. Usualmente, a curva de estatística de Gauss é utilizada para expressar fenômenos que se considera que tenham uma determinada constância em sua expressão, tais como tamanho dos pés das pessoas, altura, quadro de saúde, contudo, ela pode revelar e sempre tem revelado desvios do suposto padrão regular esperado.

busca de um resultado satisfatório para todos. Quando ocorre uma alocação acentuada da população estudada na ponta direita da curva ou na sua ponta esquerda, se diz que ela é uma curva *assimétrica*. A assimetria na distribuição dos dados investigados, com tendência para a esquerda da curva significará "menos" e, com tendência para a direita, significará "mais". A leitura da curva assimétrica pode e deve ser um recurso fundamental ao gestor de uma ação.

Usualmente, quando se traça uma curva de distribuição estatística de uma população, ela pode se referir ao produto de uma *ação encerrada*, assim como pode também referir-se aos resultados de uma ação *em algum estágio do seu andamento*; no segundo caso, contudo, sempre como um ponto de parada ou de interrupção do percurso da ação. Nossa capacidade de conhecer a realidade se dá em momentos sucessivos, nunca em processo, ainda que, por muitas vezes, se use a expressão linguística "em processo", como em "a realidade está em processo", mas nós só conseguimos captá-la em momentos sucessivos, por menores que sejam os intervalos de tempo entre esses momentos.

Servindo-nos desses entendimentos para a leitura de dados obtidos a respeito da qualidade de objetos de investigação avaliativa, a curva estatística revela ao gestor da ação o retrato do resultado obtido, seja ao final da ação, seja em seus momentos sucessivos.

Na primeira situação, quando a curva estatística revela ao gestor da ação o retrato *final* da qualidade dos resultados obtidos, não haverá mais nada a fazer, sejam eles positivos ou negativos. Afinal, a ação está encerrada. No segundo caso, a curva revela a qualidade dos resultados em um ou em vários momentos sucessivos da ação, fator que permite e possibilita novas e novas decisões, tendo em vista a construção do resultado final com a qualidade desejada.

A curva estatística, tanto após o encerramento de uma ação, como em seus momentos sucessivos, poderá apresentar um desenho *assimétrico para a esquerda* ou *para a direita*, revelando ao gestor que os seus investimentos, no primeiro caso, foram infrutíferos, e, no segundo, frutíferos; contudo, no primeiro caso, sinalizando a possibilidade de novos investimentos, caso este seja o seu desejo.

Essa compreensão da curva estatística normal, assim como do seu uso, estabelece uma ruptura com o seu modelo clássico estático e conservador para assumir a possibilidade de subsidiar o gestor da ação a tomar decisões em busca da satisfatoriedade no que se refere à sua ação; nesse caso, a curva estatística passa a ser sua aliada, tendo em vista o sucesso de seus investimentos.

Em síntese, a curva estatística normal de distribuição de uma população pode ser um recurso auxiliar importante para o gestor de uma ação, devido ao fato de que *ela expressa, de forma direta e imediata, uma leitura*, no caso da investigação avaliativa, da qualidade da realidade com a qual está operando; fator que lhe possibilita decisões novas e corretivas. Um auxílio, a mais, ao gestor para suas tomadas de decisão.

Caso uma curva estatística, em decorrência dos dados que ela expressa relativos aos resultados de uma ação, se apresente como "normal", isto é, *sem* uma assimetria para a direita, ela estará revelando ao seu gestor que o resultado desejado ainda não fora conquistado, desde que, para tanto, deveria apresentar um desenho *assimétrico para a direita*, fato que revelaria que todos os objetos trabalhados atingiram a qualidade satisfatória desejada.

Nessa circunstância, caberá, então, novamente a ele decidir por investir mais, e mais, na conquista do resultado positivo desejado, ou assumir que os resultados de sua ação permanecerão como se encontram, mesmo que insatisfatórios, à medida que parte da população estudada não se encontra alocada de modo assimétrico à direita.

A curva estatística que descreve a qualidade do objeto da avaliação, desde que tenha sido obtida em decorrência de uma consistente investigação epistemologicamente cuidadosa, tem o mérito de revelar gráfica e visualmente a qualidade da população investigada, assim como subsidiar as decisões do gestor da ação em busca dos resultados com a qualidade desejada.

Concluindo

Encerrando esse capítulo, vale dizer que, em uma prática construtiva, o uso diagnóstico dos resultados da investigação avaliativa será sempre o parceiro do gestor, se o seu desejo for a conquista da satisfatoriedade em relação ao resultado de sua ação, seja atuando sobre indivíduos, sobre grupos de indivíduos ou sobre produtos de sua ação.

Nessa perspectiva, a avaliação subsidia o gestor — se este for o seu desejo — a não admitir as qualidades "média" ou "insatisfatória" em relação aos resultados de sua ação. A obtenção da qualidade necessária — e, sendo possível, a qualidade perfeita — é o parâmetro para os investimentos em sua ação. A avaliação, então, será consagrada, epistemologicamente, como a parceira do gestor de uma ação, subsidiando-lhe decisões construtivas.

Nesse contexto, avaliação e gestão são fundamentais para a conquista de resultados positivos de uma ação, contudo, assumindo que a avaliação será sempre subsidiária da gestão. Como um par inseparável, a gestão não terá como conquistar a satisfatoriedade dos resultados de uma ação sem a parceria da avaliação.

O *uso probatório* dos resultados da investigação avaliativa permanece, nesse caso, como meta a ser atingida por uma ação ou como ponto de corte e, pois, de partida para o uso seletivo dos resultados da avaliação.

O *uso diagnóstico* realiza o papel mediador de alerta ao gestor para que esteja atento à busca do resultado desejado da ação — o nível probatório — por isso, seu parceiro, como sinalizamos acima.

O *uso seletivo* dos resultados da investigação avaliativa, por sua vez, pertence exclusivamente ao âmbito dos concursos e das disputas, onde os concorrentes são selecionados, tendo como base o padrão probatório de qualidade, a partir do qual e acima dele são admitidos, abaixo dele são excluídos.

Na execução de uma ação, não perder de vista que, para um gestor, o uso diagnóstico dos resultados da investigação avaliativa é fundamental, à medida que o seu papel é administrar a busca de um resultado positivo desejado decorrente de sua ação.

Capítulo 3

AVALIAÇÃO DA APRENDIZAGEM NA ESCOLA:
vicissitudes conceituais, históricas e práticas

No presente capítulo, servir-nos-emos das abordagens epistemológicas a respeito do ato de avaliar e do uso dos seus resultados, expostos nos dois capítulos anteriores, tendo em vista configurar um modo pedagógico adequado de agir no que se refere à avaliação da aprendizagem no contexto da atividade educativa escolar, como também compreender o que tem acontecido historicamente com essa prática, com o olhar voltado para o passado, para o presente e para o futuro.

De início, importa que nós educadores compreendamos que o ritual da avaliação da aprendizagem do estudante tem por objetivo essencial permitir ao educador, como gestor da sala de aula, tomar decisões no seu acompanhamento e na sua orientação e, ainda, se necessário, na reorientação de sua aprendizagem. E, por último, permitir ao educador registrar o seu testemunho[1], para o presente e para o futuro, de que investiu no ensino do seu estudante e ele aprendeu suficientemente bem aquilo que deveria ter aprendido, em conformidade com o Currículo estabelecido e o Plano de Ensino elaborado, tornando-se competente, nos conhecimentos, como nas habilidades, próprios da área com a qual está atuando no ensino. Essa é a função da avaliação da aprendizagem e do uso diagnóstico dos seus resultados, raramente praticado, como veremos ao longo deste capítulo.

---

1. Vale lembrar que o registro do desempenho do estudante em sua aprendizagem — seja ele realizado através de notas (registro numérico) seja através de relatório descritivo — não pertence propriamente ao ato avaliativo, que, como temos visto, representa um modo de investigar a qualidade da aprendizagem do estudante. O registro é tão somente um registro.

A organização escolar, que conhecemos hoje, no Brasil, denominada de Ensino Fundamental e Médio[2], teve seus inícios no decurso da segunda metade do século XVI e na primeira metade do século XVII, com as intervenções de católicos e de protestantes.

No que se refere às práticas avaliativas no âmbito da educação escolar, nesse início da modernidade, tanto católicos quanto protestantes tinham clareza de como praticá-la; isso pode ser constatado em suas orientações pedagógicas registradas em documentos ou obras pedagógicas da época.

De um lado, havia necessidade de investimentos cotidianos e sucessivos no ensino e na aprendizagem escolar, o que exigia observação e acompanhamento constantes de todos os estudantes como suporte para as sucessivas decisões na busca do sucesso da atividade educativa; para tanto, os professores serviam-se, durante o ano letivo, do uso diagnóstico dos resultados da avaliação da aprendizagem dos estudantes sob sua responsabilidade. E, de outro lado, tendo em vista sua aprovação ou reprovação ao final do ano letivo, havia o uso seletivo dos resultados da avaliação da aprendizagem, praticado sob a modalidade de exames gerais[3].

Contudo, vale registrar que, em nossa história educacional, tanto em nosso país como fora dele, com o passar dos anos, reduziram-se

---

2. O ensino básico coletivo teve seus primeiros investimentos com os católicos e com os protestantes no decurso dos séculos XVI e XVII. Tanto a *Ratio Studiorum*, documento publicado pelos padres jesuítas, em 1599, como a *Didática Magna*, da autoria do bispo protestante John Amós Comênio, publicada em 1632, prescreveram normas para o nível de ensino que, hoje, denominamos de básico, porém, trazem também prescrições para o ensino superior em seus respectivos âmbitos de atuação religiosa.

3. Ainda que, na época, séculos XVI e XVII, nem se sonhasse com as denominações que temos proposto para o uso dos resultados de atividades avaliativas — "uso diagnóstico", "uso probatório", "uso seletivo" —, esses usos eram praticados sob outras denominações, como veremos à frente, desde que elas pertencem à constituição e à epistemologia dos usos dos resultados da investigação avaliativa em educação. Vale estar ciente de que os atos avaliativos, em si, são constitutivos do modo do ser humano estar no mundo — em conformidade com as abordagens realizadas no primeiro capítulo deste livro —, ainda que, para expressá-los, tenham sido utilizadas denominações variadas ao longo do tempo.

os investimentos no uso diagnóstico dos resultados do ato avaliativo, presentes nas propostas iniciais da constituição da educação escolar na modernidade europeia, da qual somos herdeiros, e acentuaram-se os investimentos no seu uso seletivo, sob a modalidade dos exames escolares.

Vale observar que esse modelo europeu de organização da educação escolar expandiu-se pelo mundo através das atividades missionárias religiosas — católicas e protestantes —, que acompanharam a colonização das terras descobertas nos séculos XV e XVI, cobrindo praticamente todos os espaços geográficos conhecidos na época, com desdobramentos para os períodos históricos posteriores, chegando até nós.

No presente momento histórico da educação escolar em nosso país, o uso seletivo dos resultados da avaliação tem presença extensamente predominante, e, por vezes, chegando à exclusividade em muitas de nossas escolas. O fator que mais revela esse predomínio está comprometido com os altos índices de reprovação em nossas instituições escolares, como também com o seu uso como recurso de ameaça através das possibilidades de reprovação, tendo em vista, supostamente, manter o controle disciplinar dos estudantes em sala de aula, assim como, também supostamente, mantê-los dedicados aos estudos. Afinal, qual estudante não teme ou temeu por uma reprovação?

No presente capítulo, dedicar-nos-emos a compreender o exercício da avaliação da aprendizagem em nosso país, analisando suas ocorrências conceituais e históricas, assim como as possíveis práticas a serem assumidas, de um modo saudável, em nosso cotidiano escolar.

1. Sobre o ato de avaliar a aprendizagem na escola

Para a abordagem da avaliação da aprendizagem neste capítulo, nós nos serviremos dos conceitos gerais a respeito do ato avaliativo e do uso dos seus resultados, estabelecidos nos dois capítulos anteriores. Nesse contexto, compreende-se a avaliação como o ato de investigar a qualidade da aprendizagem do estudante, fator que implica em cuidados metodológicos específicos, desde que, na sala de aula, a investigação avaliativa incide sobre o desempenho do estudante, *tomado individualmente*[4].

À semelhança do que faz a ciência, revelando o que é a realidade e como ela funciona, a avaliação da aprendizagem em sala de aula, por seu turno, revela a qualidade da aprendizagem do estudante individual em seu percurso de estudos; aí, encerrando sua ação e seu papel.

Será o gestor da ação, em qualquer âmbito de atividade, como também na prática educativa escolar, que deverá fazer uso dos conhecimentos obtidos pela investigação, tendo em vista orientar sua ação. Em princípio, no caso da investigação avaliativa, servir-se-á desses conhecimentos para orientar seus investimentos na construção de resultados satisfatórios em conformidade com o seu planejamento do ensino, que deve estar articulado com o Currículo Escolar e com o Projeto Pedagógico da Escola.

Nesse contexto, importa distinguir os papéis do gestor e do avaliador, desde que esses papéis, no âmbito da sala de aula, são exercidos pelo mesmo profissional; então, importa que o educador tenha clareza de quando está agindo como gestor e quando está agindo como avaliador.

O profissional é único, mas os papéis são distintos e importa que assim sejam compreendidos, mantidos e praticados, a fim de que o educador se torne ciente de que, no lugar de gestor da sala de aula, é o responsável pela criação das condições para o sucesso da aprendizagem

---

4. Existem outras modalidades de avaliação na prática escolar que têm sua atenção voltada para o coletivo ou para o sistema de ensino, tais como avaliação do desempenho da instituição escolar (unidade escolar) e avaliação dos diversos sistemas de ensino municipal, estadual, federal, como veremos no capítulo 8 deste livro.

dos estudantes e, que, no papel de avaliador, é o responsável pela investigação da qualidade dos resultados da ação de ensinar e de aprender. Como já lembramos nos capítulos anteriores deste livro, o ato avaliativo não resolve nada, ele é meramente subsidiário, auxiliar do gestor — no caso aqui abordado, gestor da sala de aula —, tendo em vista a conquista dos resultados qualitativamente desejados.

Na investigação avaliativa da aprendizagem dos estudantes, caso sua qualidade se manifeste *insatisfatória*, caberá ao educador, como gestor da sala de aula, tomar as decisões necessárias, tendo em vista a conquista da satisfatoriedade, sendo esse o seu desejo, porém, à medida que a aprendizagem se manifeste *satisfatória*, tomará consciência de que sua ação pedagógica já produziu o padrão de qualidade previamente estabelecido e, então, poderá seguir para um conteúdo subsequente do seu plano de ensino ou poderá decidir refinar mais os conhecimentos e habilidades já adquiridos.

Isso quer dizer que todos os estudantes, individualmente, devem atingir o nível de *mestria* nos conteúdos essenciais ensinados (nível probatório, como definido em capítulo anterior deste livro), não existindo, dessa forma, outras possibilidades para uma prática educativa profissionalmente consistente. Reprovação, nesse contexto, significa a frustração do ato pedagógico, desde que esse é o recurso ativo pelo qual o professor investe no sucesso de sua ação, isto é, na aprendizagem satisfatória dos estudantes que ensina.

Tendo em vista praticar a avaliação da aprendizagem de cada estudante, o professor, no papel de avaliador, deverá percorrer os três passos do ato de avaliar, configurados no primeiro capítulo deste livro, agora aplicados no espaço do ensinar-aprender.

Em primeiro lugar, haverá necessidade de *planejar a investigação da qualidade da aprendizagem dos estudantes*, o que equivale a tomar o Currículo adotado, o Projeto Pedagógico da Escola e o seu Plano de Ensino como configuração daquilo que deveria ter sido levado em conta nas atividades de ensino e, consequentemente, agora, na prática avaliativa, dimensionando tanto a coleta de dados para a avaliação como também o critério de qualidade dos seus resultados.

Esse dimensionamento consciente do que fora planejado e executado repercute no instrumento de coleta de dados para a avaliação, desde que este necessita ser compatível com aquilo que fora ensinado, em termos de conteúdo, metodologia e prática; nem mais, nem menos que isso. Caso o instrumento de coleta de dados seja elaborado com abrangência mais restrita que o ensinado, não fará jus às aprendizagens realizadas pelos estudantes, e, por outro lado, sendo mais abrangente que o ensinado, estará em desacordo com sua abrangência, desde que estará exigindo dos estudantes condutas que não lhe foram ensinadas.

Em segundo lugar, na investigação da qualidade da aprendizagem dos estudantes, há a necessidade de *coletar os dados*, para isso, servindo-se de instrumentos de coleta de dados, com a abrangência indicada no parágrafo anterior. Para que o educador possa ter ciência da efetiva aprendizagem por parte dos estudantes sob sua responsabilidade, importa que eles revelem o que ocorreu com cada um, expressando sua aprendizagem. Para tanto, importa um recurso mediador, que pode ser um teste escrito, uma entrevista oral, uma demonstração em laboratório... O que importa é ficarmos cientes de que só poderemos saber se o estudante adquiriu determinado conhecimento ou habilidade à medida que ele manifeste isso por meio de variadas possibilidades de recursos de coleta de dados a respeito de sua aprendizagem e de seu desempenho. Não há como ter ciência daquilo que se dá dentro do outro a menos que ele o revele através de algum recurso mediador. A subjetividade pertence a cada ser humano em sua individualidade. Só podemos saber o que se passa com ele, se o revelar. Os instrumentos de coleta de dados sobre a aprendizagem de nossos estudantes nos auxiliam nessa tarefa; por isso, necessitam ser elaborados cuidadosamente, como veremos em capítulo a seguir.

Por último, em terceiro lugar, dever-se-á *atribuir qualidade ao desempenho dos estudantes*, comparando a descritiva de sua aprendizagem, obtida pela coleta de dados, com o padrão de qualidade previamente estabelecido como aceitável no Plano de Ensino e no Currículo adotado.

Nenhum desses três passos poderá ser realizado com base no senso comum ou de forma habitual. O educador, em sala de aula, necessita realizar a atividade da avaliação da aprendizagem de forma metodologicamente consciente, consistente e crítica. Daí a necessidade de ter presente os passos acima registrados.

Infelizmente, em nosso cotidiano escolar, os cuidados metodológicos acima indicados, nem sempre têm sido levados em consideração. Usualmente, por exemplo, sem um plano prévio consciente e crítico a respeito dos conteúdos (conhecimentos e habilidades) a serem levados em conta em conformidade com aquilo que ensinamos, prontamente, iniciamos a elaborar questões para compor o instrumento de coleta de dados, que utilizaremos. É usual no cotidiano escolar essa conduta, quando, de fato, deveríamos partir de um mapa claro e preciso a respeito daquilo que ensinamos; mapa que define aquilo que desejamos saber se nossos estudantes, de fato, aprenderam. Essa pauta configurará tanto a coleta de dados para a avaliação, como também o padrão de qualidade desejado, com o qual a descritiva da aprendizagem será comparada, tendo em vista atribuir-lhe qualidade.

Nesse contexto, importa não abrir mão dos cuidados com esses três componentes metodológicos da investigação avaliativa. Caso eles sejam praticados cuidadosamente, teremos uma probabilidade bastante grande de estarmos efetivamente investigando a qualidade da aprendizagem dos nossos estudantes, fator que nos possibilita, se necessário, reorientá-los em direção à satisfatoriedade na aquisição das condutas ensinadas. Caso não ocorra dessa forma, nossas práticas avaliativas continuarão a ser realizadas exclusivamente sob a ótica seletiva e, pois, excludente.

Em síntese, avaliar a aprendizagem dos estudantes significa investigar cuidadosamente a qualidade das condutas adquiridas, fator que subsidia o educador em suas tomadas de decisão, tendo em vista o sucesso de cada um e de todos os estudantes que são colocados sob sua responsabilidade.

2. Usos dos resultados da avaliação da aprendizagem em nossas escolas

2.1 Uso seletivo

Entendemos que, na escola brasileira, hoje, seja ela pública, particular, do Ensino Fundamental, Médio ou Universitário, servimo-nos dos resultados do ato avaliativo predominantemente sob a modalidade seletiva, alocando o desempenho do estudante num ponto de uma escala de qualidades, com sua consequente *aprovação* ou *reprovação*, a depender do ponto de corte que se estabeleça como aceitável.

No início da modernidade na Europa, estruturaram-se as pedagogias católico-jesuítica e protestante-comeniana, a primeira no decorrer do século XVI, e, a segunda, na primeira metade do século XVII. Ambas essas pedagogias, com suas singularidades, como veremos um pouco mais à frente neste capítulo, ainda que sem as denominações que estamos propondo neste livro, configuraram e serviram-se das duas modalidades de uso dos resultados da avaliação que conceituamos no capítulo 2 deste livro e dos quais estamos nos servindo no presente momento — uso diagnóstico e uso seletivo.

Na configuração pedagógica jesuítica, no que se refere à avaliação da aprendizagem, haviam dois recursos: a *Pauta do Professor* e os *exames escolares*. Na proposta pedagógica protestante, ocorriam *provas quase que intermitentes*, tendo em vista garantir a atenção dos estudantes aos estudos, assim como as *provas anuais*.

A Pauta do Professor (Caderneta) foi estabelecida, entre os jesuítas, como um recurso de acompanhamento e de registro da orientação aos estudantes no decurso das aulas e dos estudos durante o ano letivo, conduta que redundaria naquilo que estamos denominando hoje de uso diagnóstico dos resultados da avaliação. Esse era o recurso que auxiliava o professor a estar atento aos seus estudantes, a fim de que chegassem ao final do ano letivo com um aproveitamento satisfatório em sua aprendizagem, detectado através dos resultados dos exames escolares[5].

Postura semelhante foi prescrita pela pedagogia protestante, expressa de modo especial, na proposta pedagógica de John Amós Comênio, bispo protestante da antiga Morávia, hoje Tchecoslováquia, ainda que sob outras formas de recursos de investimento na aprendizagem dos estudantes, como veremos. A fim de que os estudantes aprendessem, prescreviam-se na pedagogia comeniana provas sucessivas relativas aos conteúdos ensinados. Elas estavam indicadas para ocorrer ao final de cada aula, de cada dia de aula, ao final de cada semana, de cada quinzena, de cada mês e de cada ano letivo. No caso, acreditava-se que a intermitência de provas escolares estimularia os estudantes à atenção e à aprendizagem.

Em ambas as propostas, havia uma meta a ser atingida, um padrão de qualidade da aprendizagem, por parte dos estudantes, considerado satisfatório, a partir do qual, para mais, os estudantes seriam aprovados e, para menos, seriam reprovados[6].

---

5. Veremos um pouco mais à frente neste capítulo que os exames escolares gerais, tendo em vista detectar o desempenho geral do estudante, ocorriam uma única vez ao final do ano letivo, usualmente, um pouco antes do período da Páscoa, segundo o calendário escolar europeu da época.

6. Para melhor compreender a informação contida nesse parágrafo, usando o modelo de "notas escolares", que é bem posterior às duas pedagogias citadas e, variando de 0 (zero) a 10 (dez), a nota 5 (cinco) e assim como as notas acima dela, garantem a aprovação; notas abaixo de 5 (cinco) conduzem à reprovação.

Porém, ao longo do tempo, no Brasil, assim como em outras partes do mundo, os exames escolares, usados como recursos de investigação a respeito da aprendizagem dos estudantes, propostos para serem executados *ao final* do ano letivo, passaram a ser praticados em variadas ocasiões *ao longo* do ano, tais como em períodos mensais, bimestrais, trimestrais, em conformidade com os variados regimentos escolares nacionais, regionais ou locais. Prática que, com o passar do tempo, reduziu, ou mesmo suprimiu, os investimentos metodológicos no efetivo ensino-aprendizagem dos estudantes no decorrer do ano. A constância sucessiva e intermitente dos exames escolares (provas, como são denominadas em nosso cotidiano escolar) restringiu — ou quase que suprimiu — os investimentos processuais na aprendizagem ao longo do período letivo. Vagarosamente, passou-se a "dar aulas", permanecendo a efetiva aprendizagem como uma responsabilidade exclusiva do estudante, praticamente desaparecendo aquilo que os jesuítas denominaram "Pauta do Professor".

Ou seja, ao longo da modernidade, a prática do uso dos resultados da avaliação da aprendizagem tendeu para o predomínio da modalidade seletiva, que, afinal, ainda vivenciamos hoje, como consequência de uma longa história de quinhentos anos.

A partir do início dos anos 1970, no Brasil, a denominação *exames escolares* foi desaparecendo do nosso vocabulário escolar cotidiano, ao tempo em que a expressão *avaliação da aprendizagem* — estabelecida pelo educador norte-americano Ralph Tyler, em 1930 — seguiu ganhando espaço até que, em 1996, com a publicação da nova LDB — Lei de Diretrizes e Bases da Educação Nacional —, ela ganhou foro de cidadania em nosso meio educacional.

Dessa data para cá (1970), vimos assumindo a nova denominação para as duas possibilidades de uso dos resultados da avaliação da aprendizagem dos estudantes na escola, podendo significar, aqui e acolá, "uso diagnóstico", mas, de modo predominante, significando "uso seletivo", modalidade que vem ganhando corpo e atravessando épocas históricas, do século XVI para cá.

Nesse contexto, mudamos a denominação — de exames escolares para avaliação da aprendizagem —, mas não mudamos a prática, que permaneceu seletiva, tanto durante o ano letivo (com provas praticadas em periodicidade mensal, bimestral, trimestral ou semestral, em conformidade com o regime institucional de cada escola), como também ao final do ano letivo escolar, com a aprovação ou reprovação dos estudantes para a série subsequente, tendo como base a média decorrente da soma das notas obtidas no decurso do ano — através de variadas tarefas pedagógicas — somadas às notas obtidas nas provas do final do ano letivo[7].

Então, nesse contexto, predomina o uso seletivo dos resultados da investigação avaliativa em função do que alguns estudantes serão promovidos e outros não; alguns serão incluídos, outros excluídos. Praticamente, não há escola no Brasil que não exercite essa modalidade de uso dos resultados da avaliação da aprendizagem.

Que características tem o uso seletivo dos resultados da avaliação da aprendizagem como vem sendo praticado no cotidiano em nosso meio escolar?

(01) O uso seletivo dos resultados da avaliação exige que o estudante revele seu desempenho em sua aprendizagem de modo pontual, ou seja, só valem os conhecimentos

---

7. Como forma de registros numéricos que representam a qualidade do desempenho do estudante em sua aprendizagem, as notas escolares emergiram pós Revolução Francesa, com o estabelecimento do Sistema Numérico Internacional. Anterior a esse período, os registros de aproveitamento escolar, no ocidente europeu, como também nos espaços de colonização europeia, eram "satisfatório, mediano, insatisfatório". Com a emergência do Sistema Numérico Internacional, o aproveitamento escolar passou a ser registrado por números numa escala de 0 (zero) a 10 (dez) ou de 0 (zero) a 100 (cem). Essa forma de registro do aproveitamento escolar facilitou a obtenção das médias de notas escolares, que, em si, podem ser enganosas, como veremos mais à frente.

e habilidades revelados de modo positivo, *aqui e agora*, no momento em que os testes e tarefas são realizados; não valem nem antes nem depois desse momento.

No caso, não importa se o estudante, em momento anterior à coleta de dados sobre seu desempenho, detinha os conhecimentos e habilidades testados ou se se confundiu em relação à solicitação feita; nem importa se aprenderá depois. Para se admitir que o estudante efetivamente aprendeu positivamente os conteúdos ensinados, ele deve, *pontualmente, aqui e agora,* no momento do teste, responder adequadamente aquilo em torno do que está sendo questionado e da forma como está sendo questionado, que nem sempre é a melhor e mais significativa, como veremos em outro momento deste capítulo. Caso contrário, o desempenho será considerado insatisfatório.

Importa observar que "o pontual", "o aqui e agora", é uma característica dos testes destinados a selecionar candidatos em um concurso. Por outro lado, vale observar que a sala de aula é lugar de aprendizagem e não de seleção. O concorrente em um concurso disputa uma vaga; o estudante em sala de aula já a tem, desde que se encontra matriculado em uma turma de estudantes. Afinal, o estudante vai à escola para aprender, não para disputar uma vaga.

(02) O uso seletivo dos resultados da avaliação da aprendizagem classifica o estudante por seu desempenho, através de uma nota escolar, ato que expressa o término do processo de ensinar e aprender, desde que ela (a nota) assume o caráter definitivo. A partir de sua emissão, não pode ser modificada, mesmo que o estudante apresente novos e mais significativos desempenhos. As notas, afinal, são definitivas, não podem ser modificadas.

O uso seletivo dos resultados da avaliação por parte do sistema de ensino pode ser percebido pelo fato de que o registro do resultado da aprendizagem é realizado, usualmente, por símbolos numéricos, que, transformados indevidamente em quantidades, possibilitam o estabelecimento de médias de notas, supondo que as "médias de notas" representam "médias de conhecimentos". Entendimento que não procede, desde que os números, que representam simbolicamente as qualidades das aprendizagens, passam a representar indevidamente quantidades [de conhecimentos], a partir das quais se pode praticar médias de notas, como se fossem médias de conhecimentos. No caso, a *qualidade* do desempenho dos estudantes é transformada, indevidamente, em *quantidade*, fato que, do ponto de vista da aprendizagem, representa um deslocamento da "qualidade" de sua base epistemológica para assumir a característica de "quantidade"[8].

Para compreender essa prática indevida, podemos lembrar, por exemplo, que um estudante a quem é atribuída uma nota 10 na aprendizagem do conteúdo "adição" em matemática, essa nota expressa que ele atingiu a qualidade plenamente satisfatória na aprendizagem desse conteúdo. Todavia, a seguir, sua aprendizagem em "subtração" foi considerada insatisfatória, fato que fora registrado pela nota 2,0. Tomando-se esses símbolos numéricos "10,0" e "2,0" como registros das qualidades "satisfatória" e "insatisfatória" da aprendizagem do estudante e, a seguir, assumindo-se esses símbolos como quantidades, e não símbolos que registram qualidades, pratica-se a operação de obtenção da média entre dois números e, então, se obtém a nota 6,0, "média de

---

8. Epistemologicamente, a qualidade não existe em si, mas em outro. Em conformidade com o exposto no capítulo primeiro deste livro, a realidade é expressa pelo substantivo (aquilo que a coisa é) e a qualidade pelo adjetivo (aquilo que é atribuído à realidade), por isso, no caso, a qualidade da aprendizagem não deveria ser expressa por quantidade (nota numérica), mas sim por expressões qualitativas, tais como "satisfatório", "insatisfatório".

quantidades" e não "média de qualidades", como se supõe. A média 6,0 (seis) numa escala de 0,0-10,0 faz crer que o estudante aprendeu *com uma qualidade mediana* tanto adição como subtração, o que não é verdade. Ele aprendeu bem adição e quase nada de subtração.

No caso, o procedimento da obtenção da média de notas, no contexto do referido exemplo, se daria entre notas atribuídas a dois conteúdos diferentes, ainda que vinculados ao mesmo tema "operações aritméticas". Mas, esse modo de agir também se dá quando as notas se referem integralmente ao mesmo conteúdo. Exemplificando, um estudante, em um determinado conteúdo ou em uma unidade de ensino, apresentou uma aprendizagem insatisfatória e obteve nota 2,0 (dois). Profissionalmente, o professor o orienta em novos investimentos nos estudos e é submetido à nova avaliação. Então, apresenta uma qualidade satisfatória em sua aprendizagem, que é registrada pela nota 9,0 (nove). Qual será o registro de seu desempenho em nossas práticas escolares diárias? Será 5,5 (cinco e meio), decorrente da média das duas notas obtidas (2,0 + 9,0 = 11:2 = 5,5).

Aqui, cabe a pergunta: se o estudante não sabia e o registro da qualidade de sua aprendizagem foi registrado pelo símbolo numérico 2,0; a seguir, estudou e aprendeu, passando a ter o registro da qualidade de sua aprendizagem pelo símbolo numérico 9,0. Qual a razão para que seu registro final seja 5,5 (cinco e meio) e não 9,0?

Após novos estudos, o estudante apresentou um desempenho com qualidade registrada pelo símbolo numérico 9,0, qual a razão para que essa nota não seja a registrada, mas sim 5,5? A resposta só pode ser: "Você antes não sabia, agora você demonstra que sabe, mas eu vou registrar que você só sabe metade". Estranho, não é? Todavia, esse é o modo de agir presente em nosso cotidiano escolar, de norte a sul, de leste a oeste deste país.

As notas que, por si, deveriam representar qualidades, passam, de forma contrabandeada, a representar indevidamente quantidades, dando-lhes um caráter definitivo, à medida que elas encerram o processo de ensinar e aprender, o quer dizer que o estudante permanece *definitivamente* classificado com a nota recebida, significando seu efetivo desempenho na aprendizagem. Uma distorção assumida como uma verdade[9].

> (03) O uso dos resultados da avaliação da aprendizagem em nossas escolas — das séries iniciais do Ensino Fundamental ao Ensino Universitário — tem sido praticado, quase que de maneira exclusiva, de modo seletivo, ou seja, para aprovar/reprovar a partir de um ponto de corte.

O uso comum e cotidiano do resultado do ato avaliativo, em nossa educação formal, das séries iniciais do Ensino Fundamental ao final do Ensino Universitário, tem se dado pelo modo seletivo, promovendo os estudantes que obtiveram uma média de notas igual ou acima de um ponto de corte, admitido como aceitável e válido, e, reprovando todos aqueles que não obtiveram a média de notas considerada aceitável pelo sistema escolar. O uso diagnóstico desses mesmos resultados, como recurso subsidiário para reorientar a aprendizagem dos estudantes em busca de um nível satisfatório de aprendizagem, tem estado alheio às nossas práticas pedagógicas institucionais.

A modalidade de uso seletivo dos resultados da investigação avaliativa pode — e efetivamente é — útil numa situação de competição, como em um concurso, por exemplo, porém não tem nenhuma utilidade, nem é adequado, em um processo de construção de resultados

---

[9]. Sobre a questão das médias de notas, ver Cipriano Carlos Luckesi, *Sobre notas escolares: distúrbios e possibilidades*. São Paulo: Cortez, 2014.

satisfatórios, como ocorre — e deve ocorrer — no processo de ensinar e aprender no espaço escolar e acadêmico.

2.2 Uso diagnóstico

Temos que nos perguntar sobre as possibilidades do uso diagnóstico dos resultados da avaliação da aprendizagem em nossas escolas, desde que em nosso cotidiano escolar predomina o seu uso seletivo.

A solução saudável é tomar o padrão satisfatório de desempenho do estudante em sua aprendizagem em determinado conteúdo, como meta à qual todos os estudantes devem chegar. Importa que *todos* sejam ensinados metodologicamente *de tal forma que atinjam a qualidade do desempenho desejado*. Essa modalidade de uso dos resultados da avaliação da aprendizagem recebe a denominação de "uso diagnóstico", base a partir da qual se pratica a mediação (decisão do gestor da ação) para se atingir o resultado final desejado, configurado, em capítulo anterior, como o padrão probatório da qualidade desejada. Nessa circunstância, o educador, como gestor da sala de aula, deverá assumir o papel de efetivo mediador, a fim de que todos os estudantes aprendam o necessário segundo o padrão de qualidade da aprendizagem definido como o necessário.

Trabalhando para que todos os estudantes atinjam a aprendizagem de modo satisfatório, estamos decidindo abrir mão da seletividade e da exclusão, fator que nos conduz também a abrir mão de contribuir para a seletividade social própria do modelo de organização social do capital, onde se faz presente um segmento dominante, ocupado por poucos, em oposição a um imenso segmento social dominado, com diversas nuances de exclusão; padrão de conduta que se expressa também no que se refere à exclusão escolar, via as sucessivas reprovações e saídas da escola, afinal, uma forma de exclusão social, como veremos em capítulo subsequente deste livro.

Com o efetivo uso diagnóstico dos resultados da avaliação da aprendizagem em nossas escolas, temos em mãos um recurso para romper com a reprodução do modelo social burguês dentro de nossas escolas, um modelo excludente[10]. Não é que a educação resolva a questão da exclusão social, mas, sim, que, juntamente com outros fatores, ela contribui para a redução dos níveis desse fator, através da habilitação de cada um e de todos os estudantes para a busca de um lugar digno na vida social, via sua aprendizagem satisfatória.

O *uso diagnóstico* dos resultados da avaliação da aprendizagem tem características completamente diversas das anteriormente apresentadas, relativas ao seu uso seletivo, desde que tem por objetivo subsidiar o educador, como gestor da sala de aula, a tomar as decisões ajustadas para garantir que todos aprendam o necessário. Contudo, importa estarmos cientes de que o uso diagnóstico dos resultados da avaliação da aprendizagem não se encontra incorporado em nosso cotidiano escolar, desde que ainda predomina, quase que de maneira exclusiva, o modo seletivo e excludente. Não se pode esquecer que o *uso dos resultados* da investigação avaliativa é um ato do *gestor da ação*, que, no caso do ensino escolar, esse ato pertence ao professor em sala de aula.

A seguir, estão expostas as características do uso diagnóstico dos resultados da avaliação da aprendizagem.

---

10. O modelo capitalista de sociedade, que emergiu com o início da modernidade, inicialmente pelo acúmulo primitivo do capital e, a seguir, pela emergência do capitalismo financeiro, sustenta-se na exclusão de uma imensa maioria dos cidadãos dos bens e serviços adequados à vida. A educação formal, como um componente da sociedade, não fica de fora desse destino. Contudo, pode ser utilizada para romper com esse modelo de sociedade, caso nós, educadores, trabalhemos para a inclusão de todos no seio de uma aprendizagem satisfatória. Altos índices de reprovação revelam a reprodução do modelo social, dentro do qual vivemos, desde há muito tempo. Anterior ao modelo burguês de sociedade, não havia a exclusão social de uma imensa maioria dos cidadãos? Claro que sim, em todos os modelos anteriores de organização social havia a exclusão social da qual estamos falando; todavia, importa, no presente momento histórico-social, compreender o que ocorre em nossa vida social no momento histórico no qual vivemos e, a nosso ver, encontrar mediações que possam contribuir para a sua ruptura.

(01) A avaliação *tem como objetivo revelar a qualidade da aprendizagem dos estudantes nos sucessivos momentos de sua atividade de aprender*, subsidiando decisões constantes por parte do gestor da sala de aula (professor), tendo em vista atingir o resultado desejado.

(02) A avaliação *subsidia decisões inclusivas a respeito do estudante*, à medida que oferece ao gestor da ação pedagógica informações básicas que possibilitam a busca de meios pelos quais todos possam aprender aquilo que é necessário para o seu próprio desenvolvimento, no decurso do período de ensino-aprendizagem. Nessa circunstância, o educador em sala de aula diz: "Não aprendeu, vem cá que lhe ensino de novo, desde que importa que você aprenda". Um ato inclusivo.

(03) O uso diagnóstico dos resultados da avaliação *exige do educador uma postura acolhedora*, à medida que o ato pedagógico de ensinar exige o acolhimento do estudante no estado em que se encontra, com suas qualidades positivas, assim como com suas dificuldades e impedimentos, o que implica subsequente investimento em ações construtivas, tendo em vista seu crescimento, até o padrão de qualidade necessário e desejado.

(04) A modalidade diagnóstica de uso dos resultados da avaliação *exige do educador um olhar construtivo*, ou seja, subsidia-o a admitir que, aqui e agora, este estudante específico, ou uma quantidade deles, ainda não tem a posse de determinado conhecimento ou habilidade, e que, portanto, para atingir o nível de satisfatoriedade desejado em seu desempenho nesse conteúdo específico, *necessita de mais ajuda*.

(05) Por último, o uso diagnóstico dos resultados da avaliação *sustenta uma característica dinâmica*, isto é, subsidia sempre uma nova possibilidade de intervenção na realidade, tendo em vista atingir o nível de satisfatoriedade desejado. À medida que a ação pedagógica está em curso, sempre tem novas possibilidades para a produção dos resultados satisfatórios desejados.

Tomando como parâmetro as duas configurações, de um lado, o padrão necessário de qualidade de aprendizagem a ser atingido (padrão de qualidade probatório) e, de outro, as sucessivas tomadas de decisão por parte do educador (uso diagnóstico), subsidiando a mediação construtiva da aprendizagem por parte dos estudantes, é fácil concluir que, hoje, no cotidiano escolar, como temos sinalizado, ainda praticamos predominantemente o uso seletivo dos resultados da avaliação da aprendizagem, alocando cada estudante em um ponto de uma escala de qualidades, previamente estabelecida, acima ou abaixo de um ponto de corte que aprova ou reprova.

Aqui e acolá, ocorre uma concessão eventual de melhoria no que se refere ao desempenho do estudante em sua aprendizagem, por exemplo, quando um educador em sala de aula diz a um ou outro estudante: "Irei lhe dar uma oportunidade para melhorar sua nota". Todavia, importa observar que essa conduta não é constante nem ela representa um investimento na superação das carências na aprendizagem. Expressa somente uma possibilidade de "melhoria na nota escolar" de um ou outro estudante, não a busca da satisfatoriedade na aprendizagem por parte de todos os estudantes.

Em síntese, de modo habitual e até mesmo inconsciente, ainda estamos apegados ao uso seletivo — e, pois, excludente — dos resultados da avaliação da aprendizagem de nossos estudantes, mesmo que, há mais de oitenta anos, em 1930, Ralph Tyler tenha nos alertado para a possibilidade e a necessidade do uso diagnóstico desses resultados, tendo em vista o sucesso de nossas atividades pedagógicas.

Para uma escola, politicamente comprometida com a democratização social, importa que nós, educadores, como gestores da sala de aula, nos sirvamos positivamente do uso diagnóstico dos resultados da avaliação, na perspectiva de garantir a todos os estudantes, sob nossa responsabilidade, alcançar o padrão satisfatório em sua aprendizagem.

Para abrir mão do *uso seletivo* — e, pois, excludente — dos resultados da avaliação da aprendizagem, importa que nós, educadores, nos sirvamos desses resultados sob uma ótica *inclusiva*, ou seja, subsidiando nossas decisões na perspectiva de garantir a todos os estudantes, sob nossa responsabilidade, a satisfatoriedade na aprendizagem daquilo que ensinamos. Nesse contexto, o *uso diagnóstico* será o parceiro a guiar nossos caminhos em direção à conquista dos resultados positivos de nossa ação educativa escolar, que significa a aprendizagem satisfatória por parte de todos os estudantes. Como "diagnóstico", esse uso nos revela a qualidade presente da aprendizagem de nossos estudantes em momentos sucessivos dos atos de ensinar-aprender frente ao nível necessário de satisfatoriedade da aprendizagem ao qual devem chegar todos os estudantes (nível probatório). Esse uso dos resultados da avaliação da aprendizagem é o parceiro de todos nós, educadores, responsáveis pela sala de aula, ao nos revelar em que situação se encontram nossos estudantes em termos da aprendizagem dos conteúdos que estamos a ensinar. Parceria que, certamente estará a nos lembrar a necessidade de mais investimentos, à medida que desejemos a aprendizagem satisfatória por parte de todos os estudantes sob nossa responsabilidade.

3. Como chegamos ao modelo de uso seletivo dos resultados da avaliação da aprendizagem em nossas escolas

Em 1930, Ralph Tyler (1902-1994), educador norte-americano, formulador do "ensino por objetivo", frente aos altos índices de reprovação escolar presente em seu país por aquele período, cunhou, em oposição aos vigentes *exames escolares*, a denominação *avaliação da aprendizagem*, tendo em vista conceituar a prática de diagnosticar o desempenho dos estudantes em sua aprendizagem e subsidiar as decisões do educador na perspectiva de tornar eficiente sua ação.

Essa denominação, ao longo dos anos, passou, generalizada e equivocadamente, a indicar todo e qualquer uso dos resultados do ato de avaliar, tendo em vista a aferição do aproveitamento escolar, inclusive as práticas que envolvem o seu uso seletivo.

Nesse contexto, as denominações "exames escolares" (usualmente, seletivos) e "avaliação da aprendizagem" (base para novas decisões pedagógicas) passaram a equivaler-se no cotidiano escolar, sob a única denominação de "avaliação da aprendizagem", quando, de fato, essas denominações, tomadas em seus usos epistemológica e historicamente configurados, referiam-se a práticas diferentes.

Hoje, no Brasil, nós nos servimos da expressão "avaliação da aprendizagem" para expressar tanto o uso diagnóstico, quanto o uso seletivo dos resultados dos procedimentos avaliativos, sendo que, em nosso meio educacional escolar, predomina a segunda modalidade sobre a primeira.

Historicamente, o uso seletivo dos resultados da avaliação da aprendizagem se estabeleceu e se cimentou como padrão de conduta do educador, decorrente da prática dos "exames escolares"; uso que perdurou mesmo após 1930, quando Ralph Tyler propusera a denominação de "avaliação da aprendizagem", configurando seu uso diagnóstico. No Brasil, a partir dos finais dos anos 1960 e início dos anos 1970, passamos vagarosamente a substituir a denominação de exames escolares pela de avaliação da aprendizagem, todavia, permanecemos com a predominância do uso seletivo sobre o uso diagnóstico dos resultados da investigação avaliativa no contexto do ensino-aprendizagem.

A modalidade seletiva do uso dos resultados do ato de avaliar em sala de aula sistematizou-se, a partir dos séculos XVI e XVII, alongando-se até nossos dias, tendo como ponto de partida as configurações da atividade pedagógica produzidas pelos padres jesuítas (séc. XVI) e pelo bispo protestante John Amós Comênio (séc. XVII), sob a denominação de "exames escolares", valendo sinalizar que a proposta integral dessas pedagogias, no decurso dos anos, foi sendo mutilada no item referente ao investimento para que efetivamente o estudante aprendesse aquilo que lhe fora ensinado.

De fato, a proposta inicial, tanto jesuítica como comeniana, implicava os usos conjugados, diagnóstico e seletivo, dos resultados da avaliação da aprendizagem, atuando, de um lado, durante o ano letivo como subsídio para decisões sucessivas em direção à meta de satisfatoriedade desejada nas aprendizagens dos estudantes, e, de outro, ao final do ano letivo, para aprovar/reprovar os estudantes nas classes (séries) escolares, como veremos logo a seguir.

Certamente que, ao longo da história, existiram variados usos seletivos dos resultados de atos avaliativos, desde que a qualificação, como vimos em capítulo anterior, é adjetiva, o que implica uma escala de qualidades, variando entre o negativo e o positivo, possibilitando a alocação do avaliado em qualquer uma das posições escalonadas. Nesse contexto, vale sinalizar que existem registros de processos seletivos utilizados na China, em torno de três mil anos antes de Cristo, tendo em vista selecionar homens para o exército ou profissionais para a administração do Império; assim como vale lembrar as premiações no contexto dos Jogos Olímpicos entre os gregos ou entre os romanos, no nosso passado histórico, como entre outros povos. Os "exames escolares", praticados ainda hoje em nossas escolas, são temporariamente mais recentes e foram sistematizados com o advento da modernidade, à medida que a escola que nós conhecemos hoje é a escola da modernidade[11].

---

11. Usa-se a queda de Constantinopla, em 1453, como marco histórico da passagem da Idade Média para a Modernidade. Porém, a passagem de uma época histórica para a outra não se dá

A organização e o funcionamento do ensino medieval eram diversos do nosso, e a organização antiga mais ainda. Tanto na antiguidade como na medievalidade, o ensino era praticado através da relação de um mestre com um ou com alguns discípulos, fator que, por si, implicava uma relação próxima e constante entre o mestre e aprendiz.

Platão (427-347 a.C.) praticava o ensino em sua casa, para poucos discípulos, junto ao Templo do Deus Acádemos, daí sua Escola Filosófica ter passado para a história com a denominação de Academia Platônica. Aristóteles (384-322 a.C.) ensinava seus aprendizes ao ar livre, e usualmente andando, nos jardins do Liceu, em Atenas, daí a denominação de prática "peripatética" de ensino, isto é, andante, itinerante. Foram poucos os seus discípulos, ou, por vezes, um único, como quando, por vários anos, foi o preceptor de Alexandre, que se tornou Alexandre Magno, conhecido por todos nós, através de nossos estudos de História Geral, conteúdo comum em nossos currículos escolares. Tomás de Aquino (1225-1274 d.C.), já na alta Idade Média, na Universidade de Paris, ensinava seus estudantes através de discussões em torno dos conteúdos propostos, que se denominavam "Questões a serem discutidas" (*Quaestiones disputatae*). Ensinava a uma pequena roda de discípulos com os quais os temas (teses) eram investigados e discutidos[12].

---

ex-abrupto numa determinada data, mas sim ao longo de um período. No caso, o fim da Idade Média se inicia com as feiras livres, praticadas no limite das terras dos Senhores da Terra, na Europa, no decorrer do século XIII, onde havia a comercialização livre de produtos, atingindo seu ápice, a partir dos séculos XV e XVI, na Europa.

12. Nas classes de Tomás de Aquino, um tema, denominado de tese, era proposto, como ponto de partida para estudos, um tema que, aparentemente, incluía uma dúvida, como, por exemplo: "Parece que Deus é verdadeiro". A seguir, professor e estudantes, conjuntamente, investigavam autores que justificassem positivamente a tese, assim como aqueles que a negassem. Após mencionar os pontos de vistas opostos, seguia-se a discussão das posições, chegando a uma conclusão, evidentemente sempre favorável a tese inicial, no caso, chegava-se à afirmação: "Deus é verdadeiro". Concluída a abordagem da tese, eram formulados os escólios, desdobramentos da tese principal

Só com a chegada da modernidade, somada ao crescimento populacional e às demandas do purismo religioso por parte da Igreja Católica, em sua disputa com o Protestantismo emergente, nasceu o modelo de escola que conhecemos hoje. Nasceu, propriamente, nos séculos XVI e XVII, por atuação dos católicos, representados pelos padres jesuítas, e pela atuação dos protestantes, representados, de modo especial, pelo bispo protestante John Amós Comênio. Ambas as tradições religiosas investiam no angariamento de fiéis e a educação organizada em escolas era uma boa mediação para obter esse resultado, desde que dedicada a formar novas gerações de cidadãos.

A *Ratio Studiorum*[13], obra publicada pelos padres jesuítas, em 1599, estruturou o modelo de ensino criado e administrado pela Ordem Religiosa, conhecida hoje como Companhia de Jesus, e, de outro lado, a *Didática Magna ou da arte universal de ensinar tudo a todos*[14], publicada por Comênio, em 1632, seguida da obra *Leis para a boa ordenação da escola*, de 1654, organizaram o modelo de ensino escolar no seio dos seguidores do protestantismo. As duas proposições deram forma ao modelo de ação pedagógica denominada de "ensino simultâneo", onde um único professor ensina, simultaneamente, a múltiplos estudantes,

---

que representavam pontos de vistas assumidos como válidos, desde que articulados com o tema da tese admitida como verdadeira. De certa forma, eram respostas prévias a dúvidas futuras sobre o assunto abordado. Caso o leitor tenha desejo, poderá manipular, por exemplo, a *Suma Teológica*, da autoria de Tomás de Aquino, onde os capítulos estão publicados com a estrutura acima descrita.

13. O nome completo desta obra é *Ratio atque Institutio Studiorum Societatis Jesus*, publicada em 1599. Temos, no Brasil, uma tradução desse texto feita pelo padre jesuíta Leonel Franca e publicada pela Editora Agir, Rio de Janeiro, 1942, como um anexo de uma obra da autoria desse mesmo autor intitulada *O método pedagógico dos jesuítas*. A *Ratio Studiorum* é um documento normativo para o modelo de educação emergente no seio da Ordem dos padres jesuítas. Facilmente se encontra tradução desse documento através de um buscador de internet.

14. A obra *Didática Magna* é o primeiro livro a receber o nome de *Didática*, tratando do conteúdo da arte de ensinar. A obra fora traduzida para o português pela Calouste Gulbenkian, Lisboa, e pode ser facilmente encontrada, inclusive pela internet.

atividade na qual todos devem aprender ao mesmo tempo. Modelo que atravessou séculos, chegando até nós.

No que se refere à avaliação da aprendizagem, na tradição da educação escolar, nascida com os padres jesuítas, haviam duas condutas prescritas, a *Pauta do Professor*, que deveria ser utilizada durante o ano letivo, e os *exames escolares* gerais, que ocorriam ao seu final, por uma única vez.

A prescrição era de que, durante o ano letivo, os professores deveriam manter uma *Pauta* (Caderneta), cujo objetivo era registrar o acompanhamento de cada estudante em sua aprendizagem. Essa exigência implicava que o professor registrasse em sua *Pauta* o nome de cada estudante componente da turma sob sua responsabilidade, acrescentando os registros relativos às vicissitudes de aprendizagem de cada um no decurso do ano letivo. Esse documento deveria ser cotejado pela Banca Examinadora, por ocasião dos exames gerais, que ocorriam ao final do ano letivo, tendo em vista subsidiar as decisões de promoção, ou não, de cada estudante da classe em que se encontrava para a subsequente. No caso, a Pauta do Professor tinha a ver com a atividade de ensino a fim de que os estudantes aprendessem e, por essa razão, pudessem ser promovidos de uma classe escolar para a outra; e, os exames, ao final do ano letivo, tinham a função de confirmar a aprendizagem dos estudantes relativa aos conteúdos que foram ensinados.

Importa ainda observar que, no que se refere à prática cotidiana do ensino, tendo em vista a eficiência na aprendizagem por parte do estudante, as prescrições da *Ratio Studiorum* determinavam as ações do professor com uma característica construtiva, o que implicava um investimento pedagógico diuturno. Para tanto, prescrevia os seguintes passos para o ato de ensinar no decurso das aulas: (01) exposição de um novo conteúdo, (02) auxílio ao estudante para a compreensão do conteúdo exposto, (03) exercícios para a apropriação do novo conteúdo, (04) correção dos exercícios, (05) saneamento de dúvidas a respeito do conteúdo ensinado, assim como a respeito dos próprios exercícios,

(06) tarefa para casa. No dia seguinte, o ato de ensinar iniciava-se pela correção dos exercícios prescritos como atividade para ser executada em casa e, a seguir, retomava-se o ensino de um novo conteúdo, servindo--se dos passos descritos, anteriormente citados. Importa observar que esse detalhe dos passos do ato de ensinar no cotidiano da sala de aula expressa uma modalidade de ensino e aprendizagem ativos.

No século XVI, os padres jesuítas não tinham o domínio, que temos hoje, sobre os processos neurológicos presentes nos atos de ensinar e aprender, desde que esses são estudos recentes. Todavia, já detinham a compreensão de que a aprendizagem por parte do estudante é ativa; uma herança de Aristóteles que, no século IV a.C., já tinha clareza sobre aquilo que denominou de "intelecto agente", meio pelo qual uma percepção do mundo exterior, através dos sentidos, era "desmaterializada ativamente" e transformada em conceito, que, subsequentemente, era armazenado no "intelecto passivo" (memória), tendo em vista ser utilizado em outro momento, quando necessário.

Observar que, na prescrição a respeito dos procedimentos para ensinar e aprender, a partir do segundo passo e nos passos subsequentes, o professor prossegue cedendo o lugar de protagonista principal no ensino-aprendizagem para o estudante, desde que é ele que, ativamente, deve assimilar e adquirir os novos conhecimentos e as novas habilidades que lhe estão sendo propostos como conteúdo de aprendizagem escolar. Tendo em vista tornar "próprios" os novos conteúdos, o estudante deverá ativamente recebê-los, assimilá-los, exercitá-los, aplicá-los, sintetizá-los, recriá-los e, finalmente, criar seus próprios entendimentos da realidade e do mundo.

Os registros na *Pauta do Professor* a respeito da conduta e desempenho de cada estudante, no decurso do ano letivo, decorriam dessa prática ativa de ensinar e aprender, onde os resultados da avaliação subsidiavam as decisões do educador em sala de aula, afinal, um uso diagnóstico, segundo denominação que vimos utilizando neste livro.

Já os exames gerais, que ocorriam ao final do ano letivo, praticados por uma Banca Examinadora, deveriam processar e registrar o coroamento dessa atividade de ensinar por meio da promoção do estudante para uma classe subsequente, ou registrar a frustração desse processo com sua reprovação.

Infelizmente, com o tempo, esse cuidado constante com a aprendizagem de cada estudante, configurado na *Pauta do Professor*, foi caindo em desuso e, vagarosamente, passou a predominar, de modo praticamente exclusivo em nossa escola, o uso seletivo dos resultados de práticas avaliativas, sejam elas mensais, bimensais, trimestrais, semestrais ou anuais. Fator que, consequentemente, garantiu também o uso dos exames, das aprovações e reprovações, como recursos de disciplinamento externo e aversivo, ameaçador, para que, supostamente, os estudantes se dedicassem aos estudos e, pois, à aprendizagem. A ameaça através dos exames, com as possibilidades da reprovação, supostamente, estimulava ou estimularia os estudantes a se dedicar aos estudos e à aprendizagem; certamente um estímulo negativo na expectativa de um resultado positivo.

No que se refere aos exames propriamente ditos — praticados ao final de cada ano letivo —, com explícito caráter seletivo, segundo nomenclatura que vimos adotando, a Banca Examinadora deveria ter presente tanto os registros efetuados pelo professor em sua Pauta, assim como os resultados dos exames propriamente ditos, que deveriam ser realizados de forma escrita e de forma oral.

Na *Ratio Studiorum*, há um tópico intitulado "Dos exames escritos e orais", onde estão definidas as regras segundo as quais deveria ser conduzida essa prática nos Colégios dirigidos pela Ordem dos padres jesuítas, que, posteriormente, foram estendidas a toda a educação formal no Ocidente e, quiçá, para o mundo inteiro, desde que os religiosos da Ordem seguiram em missões salvacionistas para todas as partes do planeta até então conhecidas, levando junto suas concepções e seus modos de ensinar.

As regras expressas nesse documento, tendo em vista os cuidados necessários no dia dos exames, trazem normatizações que estamos cumprindo ainda nos dias de hoje, em nossas escolas, entre outras regras, tais como:
— no dia das provas, os estudantes deverão trazer para a sala de aula todo material do qual necessitarão para responder às questões formuladas, tendo em vista não ter que fazer solicitações, seja ao Prefeito de Estudos, autoridade responsável pela aplicação das provas, seja aos seus colegas de turma;
— após terminar sua prova, o estudante deverá tomar seu material, levantar-se, entregar a prova concluída ao Prefeito de Estudos e sair imediatamente da sala de aula;
— o estudante que permanecer na sala de aula, após um colega seu ter se ausentado, não poderá mudar-se do lugar onde se encontra sentado para o lugar daquele que já terminou sua prova e ausentou-se. A razão dessa regra tinha a ver com o fato de que as respostas às questões propostas poderiam ter sido deixadas no local por seu ocupante anterior;
— o estudante que tiver concluído sua prova, deverá levantar-se, entregá-la ao Prefeito de Estudos, sair imediatamente da sala e não poderá retomá-la a não ser depois de corrigida.

O Prefeito de Estudos era o administrador pedagógico e disciplinar do Colégio. As provas elaboradas pela Banca Examinadora, por ocasião dos exames gerais, eram aplicadas por esse personagem e não pelo professor; inclusive pelo fato de que, no dia das provas, o professor da turma submetida ao exame deveria estar ausente da escola, tendo em vista evitar interferências junto aos estudantes, com os quais estava diretamente vinculado.

Essas regras deveriam ser cumpridas na realização dos exames escritos ao final de cada ano letivo e continuam sendo as regras que, ainda hoje, de modo habitual, estamos praticando no cotidiano de nossas escolas, especialmente, nos dias em que ocorrem os atos, hoje, denominados de avaliação, praticados de forma mensal, bimensal ou trimestral, em conformidade com os variados regimentos internos das escolas. No ano de 1999, a *Ratio Studiorum* completou 400 anos de sua publicação e ainda continuamos, de modo habitual e cotidiano, seguindo suas normatizações.

Importa, aqui sinalizar a relação entre *Pauta do Professor* e o uso diagnóstico dos resultados da avaliação da aprendizagem, como hoje vimos compreendendo essa fenomenologia, ou seja, o uso da Pauta do Professor tinha por objetivo subsidiar os estudantes para que chegassem, de forma positiva, aos *exames escolares*, padrão probatório de qualidade desejada, que servia de base para a prática seletiva entre aqueles que aprenderam e aqueles que não aprenderam. Afinal, a *Ratio Studiorum*, ao lado dos exames gerais, prescrevia investimentos na construção da aprendizagem dos estudantes.

A promoção, ou não, do estudante de uma classe para a outra, uso seletivo dos resultados da avaliação da aprendizagem, dependia da somatória dos resultados registrados na Pauta do Professor com os resultados do desempenho nos exames escolares.

Ainda que a Banca Examinadora fosse constituída e reunida por uma única vez ao final do ano letivo para a realização dos exames escolares, em caráter seletivo, ela tinha por obrigação cotejar os resultados do andamento do estudante no decurso do ano de estudos e aprendizagens, desde que sua promoção dependia da somatória do seu desempenho durante o ano com o seu desempenho nos exames.

Vale registrar que, ao lado das prescrições para os exames escolares, propostos pelos católicos, no âmbito do Protestantismo, suas prescrições também deixaram marcas indeléveis em nossas práticas educativas escolares, em seu âmbito geral, como também no que se refere à avaliação da aprendizagem.

Comênio era um bispo da tradição protestante, de fins do século XVI e primeira metade do século XVII, e, tanto em sua obra *Didática Magna*, publicada em 1632, na língua tcheca, e, em 1657, publicada em latim, como em sua obra *Leis para a boa ordenação da escola*, publicada em 1654, apresenta recomendações tanto para o andar do ano letivo como para o seu encerramento.

Do ponto de vista do desejo de que todo estudante aprendesse o conteúdo escolar necessário, proposto e ensinado, a pedagogia comeniana compreendia que todo cristão deveria entrar em contato diretamente com a palavra divina, que se encontrava na Bíblia, o que implicava que todos aprendessem a ler e a escrever, assim como deveriam compreender aquilo que lessem e escrevessem, tendo em vista poder acessar os seus conteúdos. Daí a necessidade da eficiência no ensino, explicitada no subtítulo da obra *Didática magna*, que diz: *ou da arte universal de ensinar tudo a todos*. O ensino, então, não deveria ocorrer com uma qualidade "mais ou menos". Todos deveriam aprender satisfatoriamente aquilo que fora ensinado.

Contudo, Comênio também não ficou isento dos efeitos da filosofia pedagógica predominante na época, fim do século XVI e primeira metade do XVII, relativa à formação do estudante, no que se refere às suas prescrições para os exames escolares.

Do ponto de vista disciplinador de forma externa e aversiva, no contexto do uso dos resultados dos exames escolares, Comênio, no texto da *Didática Magna*, faz a seguinte pergunta: "Que estudante não se preparará suficientemente bem para as provas, se ele souber que, de fato, as provas são para valer?". Esse é um discurso ainda comum entre nós, professores, em nossas escolas, que revela a crença de que o estudante aprenderá se for e se sentir ameaçado pelos exames escolares. Generalizando, podemos dizer que, todo dia, em todas as nossas escolas, em algum momento, essa frase tem sido repetida, mesmo que sob formas diferenciadas de expressão, como ameaça aos estudantes. Entre outras ameaças, podemos lembrar o aviso, comum em nossas salas de aula: "Estão brincando, irão ver o que acontecerá com vocês no dia das provas". Quem de nós, no decurso de nossa vida estudantil, não ouviu essa frase, ou outra assemelhada, por múltiplas vezes?

Na obra *Leis para boa ordenação da escola*, Comênio define que, na escola, deveriam existir exames de hora em hora, de dia em dia, de semana em semana, de mês em mês, de semestre em semestre, de ano em ano. Essa sequência de provas tinha duas finalidades: uma delas estava comprometida com o fato de que o estudante, no decurso do ano letivo, necessita aprender enquanto as atividades de ensino são praticadas; então, provas praticadas de modo quase que intermitente induziriam o aprendiz a estudar o necessário, e a outra finalidade estava comprometida com o aspecto seletivo dos exames, no que se referia à passagem de uma classe inferior para uma superior.

Comênio, como os protestantes em geral, desejava um ensino eficiente, a fim de que cada estudante, individualmente, pudesse ter habilidades suficientes para ler a Bíblia e compreender aquilo que lia, desde que esse era o meio de contato com a palavra divina[15].

A escola não tinha como destino ensinar a poucos estudantes, porém, ensinar a todos, como está expresso o desejo registrado no subtítulo da obra *Didática magna*: "ou da arte universal de ensinar tudo a todos", desde que todos eram filhos de Deus e, por isso, todos deveriam entrar em contato com seus ensinamentos contidos na Bíblia. Alguns dos exames propostos, como aqueles que estavam determinados para ocorrer no final de cada aula, no final de cada dia de aula, no final de

---

15. Os protestantes, em sua emergência no século XVI, assumiam a filosofia de que todo cidadão deveria saber ler e escrever, tendo em vista manter contato direto com a "Palavra de Deus", na Bíblia, fator que implicava manter um ensino plenamente eficiente, filosofia expressa no subtítulo da obra de Comênio, *Didática Magna* — "ou da arte de ensinar tudo a todos". Todos, simplesmente "todos", deveriam aprender a ler.

cada semana, no final de cada mês, no final de cada semestre tinham como objetivo mais a formação do estudante do que sua aprovação ou reprovação na sequência das classes letivas. Esses exames constantes deveriam estimular o estudante a aprender, sem nos esquecer de que eles também eram recursos ameaçadores para os estudantes, em compatibilidade da frase de Comênio citada acima.

À série de exames propostos, Comênio acrescentou a proposição de que o Poder Público deveria nomear um personagem chamado "Escolarca", com a responsabilidade de elaborar e aplicar, anualmente, por ocasião do fim do ano letivo, uma prova em todos os estudantes de todas as escolas existentes, tendo em vista saber como elas estavam funcionando, isto é, se estavam produzindo os resultados desejados — a aprendizagem satisfatória dos estudantes. Essa medida destinava-se a avaliar o desempenho da instituição escolar e do seu sistema, desde que o desempenho do estudante individual seria detectado pela série de provas sucessivas durante o ano letivo. Importa observar que essa proposição revela que Comênio, em plena primeira metade do século XVII, já tinha um olhar a respeito da responsabilidade do sistema de ensino na produção dos resultados desejados através do exercício da ação pedagógica.

Desejava, junto com outros protestantes, um ensino eficiente, afim de que cada estudante, individualmente, pudesse ler a Bíblia adequadamente, desde que esse era o meio de contato com a palavra divina, como sinalizamos anteriormente. A escola não tinha como destino ensinar a poucos, porém, sim, *ensinar a todos*, desde que os protestantes desejavam a ampliação de sua modalidade de fé religiosa.

Ambas as proposições pedagógicas predominantes dos séculos XVI e XVII — pedagogia jesuítica e pedagogia comeniana —, ainda que tivessem prescrições para um ensino-aprendizagem eficientes, também configuraram o uso seletivo dos resultados dos atos avaliativos, à época, denominados "exames escolares", que, ao longo do tempo, assumiram predominância sobre os investimentos na aprendizagem efetiva dos estudantes no decurso do ano letivo; os exames escolares tinham o propósito de promover aqueles que apresentavam aprendizagem satisfatória e reprovar aqueles que não atingiam esse padrão de qualidade, segundo uma escala adotada, ou seja, propunham e praticavam o uso seletivo dos resultados da avaliação.

Qual a razão para, ainda hoje, em nossas escolas, praticarmos de modo predominante — quase que exclusivo — as prescrições formuladas nos séculos XVI e XVII no que se refere aos exames escolares, caracterizados pelo *uso seletivo* dos resultados da avaliação da aprendizagem? Vagarosamente, ao longo do tempo, nós nos afastamos das suas propostas do ensino ativo e efetivo ao longo do ano letivo, ao tempo em que nos apegamos, quase que de modo exclusivo, ao modelo de uso seletivo dos resultados da avaliação.

Certamente que não é gratuito que estejamos praticando, no presente momento histórico, em nossas escolas, de forma quase que única, as regras estabelecidas nesse período histórico para a prática seletiva do uso dos resultados da avaliação da aprendizagem e, ao mesmo tempo, termos obscurecido as proposições construtivas, também presentes nessas pedagogias.

Nesse contexto, é interessante observar que tanto os católicos, representados pelos jesuítas, quanto os protestantes, pela liderança de Comênio, propunham modos de agir construtivos no ensino, que deveriam revelar e orientar a aprendizagem dos seus estudantes, antes de chegarem aos exames, com caráter seletivo. Contudo, para o nosso cotidiano, quatrocentos anos depois, sobraram mais as prescrições disciplinares e seletivas que as recomendações construtivas nos procedimentos de ensinar e aprender.

Para compreender a permanência das normas e práticas pedagógicas ao longo do tempo, cada vez com maior predomínio da seletividade, importa ter presente que as referidas normas foram estabelecidas sob a égide do nascente modelo burguês de sociedade (modernidade), no seio do qual o poder socioeconômico e político é centralizado, hierarquizado e excludente. Modelo de sociedade que ganha cristalização no mesmo período em que as referidas pedagogias também emergiram (séculos XV, XVI e XVII) e que se prolongaram até o presente momento da história. Propostas e práticas pedagógicas, que, como outros fatores sociais, passaram a mediar o novo e emergente modelo de sociedade, estruturado em classes sociais, dominante e dominada, sendo que o segmento dominado é predominantemente composto pelos excluídos.

A sociedade burguesa iniciou o seu movimento de autoconstituição ainda no seio da Idade Média, em torno do século XIII, com o nascimento das feiras e dos burgos, instalados entre os limites das propriedades dos Senhores de Terra, onde os servos da gleba podiam livremente vender os seus produtos, como também comprar outros; afinal comercializar.

Ocorria, então, o primeiro movimento de ruptura do modelo de submissão ao poder do "Senhor da Terra". Feiras e burgos, nascentes nas franjas das terras do Senhor da Terra, expressavam a possibilidade de comerciar livremente e auferir resultados positivos desse comércio. Afinal, a sociedade burguesa, segundo o professor Octavio Ianni, constituiu-se como a "sociedade de comerciantes livres". Sociedade onde tudo podia ser comercializado. Modelo de sociedade, com um segmento dominante ancorado na posse dos bens e, ao mesmo tempo, com um segmento social dominado, composto pela imensa maioria dos cidadãos excluídos dos bens sociais.

Os séculos XV e XVI foram marcados, economicamente, pelo mercantilismo, que gerou a acumulação primitiva do capital, como definiu Marx, criando as condições para a emergência do capitalismo industrial, no século XVIII, e, posteriormente, do capital financeiro, dentro do qual vivemos hoje. Modelo de sociedade com um imenso segmento social de excluídos.

A Revolução Burguesa, de 1789, denominada comumente de Revolução Francesa, cristalizou o movimento revolucionário burguês, que já vinha se gestando há muito tempo, na história; e, então, já vitoriosa, a burguesia deixou de ser revolucionária para tornar-se conservadora. Caiu o absolutismo, representado por reis e imperadores — funções transmitidas por herança familiar —, e emergiu a casta burguesa, com base na posse de bens econômicos e no poder político.

A sociedade moderna organizou-se, então, em torno da economia do capital, com predomínio do segmento social que detém a posse dos meios sociais de produção, somada, de um lado, a uma organização política dominante a serviço de seus interesses, e, de outro, a exclusão das maiorias populacionais, seja ela dos bens econômicos, sociais ou dos culturais.

Somos, pois, herdeiros desse modelo de sociedade e de suas práticas sociais, entre elas a educação, e, no âmbito do interesse deste livro, a avaliação da aprendizagem e o uso dos seus resultados. A educação escolar poderia, ao lado de outros recursos, ser um fator de inclusão social, através da aprendizagem satisfatória por parte de "todos" os estudantes, porém, ao invés disso, entrou para o rol dos recursos de exclusão e seletividade social no seio da própria sociedade capitalista, por meio dos altos índices de reprovações nas séries escolares, findando, na maior parte das vezes, por excluir os estudantes da escola[16].

Marx, em *O Dezoito Brumário de Luiz Bonaparte*[17], diz que a religião da burguesia é o bonapartismo, caracterizado por ele como o

---

16. Em capítulo subsequente deste livro, o leitor encontrará dados estatísticos relativo ao Brasil, mostrando a exclusão social via a escola.

17. Obra produzida por Marx no decurso do próprio processo do golpe de estado e que seria publicada nos Estados Unidos sob a forma de artigos para jornal. Esse projeto fora frustrado em função das impossibilidades de os artigos chegarem ao seu destino final em tempo hábil para sua publicação. Então, Marx reuniu os artigos e constituiu o livro acima indicado. Ver Karl Marx, *O Dezoito Brumário de Luiz Bonaparte*. São Paulo: Ed. Centauro, 2006.

modelo burguês de organização social, política e econômica, descrito, ao estudar o golpe de estado, liderado por Luiz Napoleão, sobrinho de Napoleão Bonaparte, em 1852, na França.

Ele diz que o bonapartismo é uma forma de governo onde predomina o Poder Executivo sobre o Legislativo, assim como sobre o Judiciário, tendo por sustentação o Exército, a Igreja Tradicional, o Campesinato e o Lumpen. Afinal, uma forma centralizada e hierarquizada do poder, que garante plenamente os interesses das minorias dominantes.

Mas, o que isto teria a ver com o "uso seletivo" dos resultados da avaliação da aprendizagem escolar? A prática dos exames, que, historicamente, expressa a prática do uso seletivo dos resultados da avaliação da aprendizagem, manifesta-se — seja na história da educação, seja na prática escolar do presente — como um recurso muito especial de administração do poder social e político na relação pedagógica[18]. A exclusão escolar expressa uma entre outras mediações da exclusão social de imensas maiorias populacionais. Ela se soma a outros fatores de exclusão social.

O uso seletivo dos resultados do ato avaliativo da aprendizagem — no passado, denominado de exames escolares — reproduz a dinâmica do modelo burguês de sociedade, centralizador, e, portanto, na linguagem de Marx, bonapartista. Poder que, evidentemente, exclui. Através dessa prática, a avaliação da aprendizagem na escola, de maneira usual, inclui alguns e exclui muitos estudantes, mantendo e reproduzindo o modelo burguês de sociedade; afinal, o modelo do capital.

Na cadeia descendente de profissionais responsáveis pela educação escolar — Presidente da República, Ministro da Educação, Governador de Estado, Secretário Estadual de Educação, Prefeito, Secretário Municipal de Educação, Diretor de Escola —, o professor, de modo

---

18. Ver Louis Althusser, *Ideologia e aparelhos ideológicos de Estado*. Rio de Janeiro: Ed. Graal, 1985, 2. ed. Ver também: Michel Foucault, *Vigiar e punir*, Petrópolis: Vozes, 29. ed., livro no qual aborda a exclusão social, decorrente dos caminhos da punição.

rotineiro e habitual, representa na sala de aula o sistema social, no seu modelo presente. Será que nós, educadores em sala de aula, queremos esse papel para nós?

Será que nós — que, em compatibilidade com o currículo nacionalmente estabelecido, escolhemos, coletivamente na escola, os assuntos aos quais os estudantes serão submetidos, que planejamos e excutamos o ensino, que elaboramos testes e provas, que usamos esses instrumentos de coleta de dados sobre o desempenho dos estudantes, que corrigimos suas respostas nesses instrumentos, que qualificamos seus desempenhos, que atribuímos notas, que os classificamos, aprovamos ou reprovamos —, nesse contexto, não estamos compatibilizados com o modelo social vigente, que prefere a inclusão de poucos e a exclusão de muitos? Será que desejamos esse padrão de conduta para cada um de nós?

Cientes dessa descritiva, não podemos fazer do professor em sala de aula o algoz responsável por esse processo. Ele não é o criador nem o representante histórico desses mecanismos sociais. Contudo, é preciso entrar em contato com essa fenomenologia histórico-social, tendo em vista compreender como nós, professores, historicamente, ocupamos um lugar onde se realiza uma das mediações de exclusão social vigente no modelo social no qual vivemos. Certamente que, de modo consciente, nenhum de nós, professores, faríamos esse papel.

Então, se não desejamos esse papel para cada um de nós, necessitamos tomar consciência de como chegamos historicamente a essa situação e, então, investir num processo, ao mesmo tempo, individual e coletivo de transformação, através da inclusão de todos aqueles que chegam à escola, no âmbito de uma aprendizagem bem-sucedida.

Analisar criticamente a situação da exclusão social, via a escola, não significa fazer do professor o vilão dessa história, mas sim compreender o processo histórico-social que nos conduziu a esse ponto, para, então, se o desejarmos, encontrar caminhos para uma ação criativa e transformadora.

O uso seletivo dos resultados da avaliação da aprendizagem na escola é, pois, compatível com as práticas pedagógicas que foram ganhando forma e se sedimentando ao longo da modernidade e que atingiram e atingem a todos nós. Esse uso dos resultados da avaliação da aprendizagem expressa, no seio da prática pedagógica escolar, o modelo da sociedade do capital que emergiu com a modernidade e, junto com outros fatores, realiza sua mediação.

Importa ter presente que esse modo pedagógico de agir se constituiu simultaneamente com a constituição da sociedade do capital, que, de um lado, reconhecia a necessidade do conhecimento científico como recurso de manutenção da vida[19], mas, de outro, necessitava de uma estrutura social que garantisse a sobrevivência do modelo social emergente. Daí a seletividade ser um recurso de manutenção do modelo emergente de forma controlada, segmento dominante e segmento dominado. Segundo esse olhar, nem todos poderiam chegar ao topo da aprendizagem satisfatória, como nem todos poderiam compor o segmento dominante da sociedade. Muitos deveriam ser reprovados e, pois, excluídos da escola e, em consequência, socialmente.

Em síntese, histórica e socialmente, estabeleceu-se um modelo de uso dos resultados da avaliação que foi — e continua sendo — utilizado sob múltiplas facetas do poder pedagógico, mediando o poder social. De modo habitual, pragmático e inconsciente, todos herdamos e, também, reproduzimos essa modalidade de agir. Todos fomos educados escolarmente nesse modelo e, então, o reproduzimos.

Para trabalhar com o uso diagnóstico dos resultados da avaliação da aprendizagem, a serviço de uma prática educativa bem-sucedida para todos os estudantes, necessitamos abrir mão desse padrão de conduta

---

19. A ciência, que conhecemos hoje, praticamente, nasceu com a modernidade: a física moderna, diversos ramos da matemática, a biologia, a sociologia, psicologia... são áreas do conhecimento que nasceram e se sedimentaram nesse período histórico.

e assumir um outro modelo de ação pedagógica, regido pela parceria e construção positiva.

Desse modo, ainda que os exames escolares — seletivos — estivessem prescritos nas propostas pedagógicas jesuítica e comeniana, havia o desejo de que todos aprendessem. Vagarosamente, no decurso da história dos séculos XVI e XVII para os nossos dias, fomos caminhando, cada vez mais, para o predomínio, quase que exclusivo, do uso seletivo dos resultados da avaliação no âmbito escolar, primeiro, praticado através dos denominados exames escolares e, posteriormente, praticado em nome da denominação geral de avaliação da aprendizagem.

O modelo excludente da sociedade do capital foi se instalando em todos os lugares por onde seu "braço de poder" se estendeu. Certamente que o modelo do capital tem fôlego suficiente para manter a exclusão social por muito tempo. Porém, nós, educadores, individual e coletivamente, também podemos fazer uma opção consciente por uma prática pedagógica inclusiva, isto é, que possibilite que todos aprendam suficientemente bem aquilo que for ensinado.

A prática avaliativa terá, então, a característica diagnóstica, como temos definido ao longo dos capítulos deste livro. A avaliação escolar e o uso dos seus resultados podem ser, então, um recurso fundamental a serviço da democratização social. Compreender o papel da educação escolar satisfatória para todos, como democratização social, é uma forma de praticar a hegemonia a favor de todos, segundo os entendimentos de Antonio Gramsci.

4. Possibilidades do uso diagnóstico dos resultados da avaliação da aprendizagem

O uso diagnóstico dos resultados da avaliação será subsidiário de uma prática pedagógica consistente e transformará a avaliação em parceira de todos nós, educadores, a nos avisar que investimos o necessário e que os estudantes sob nossa responsabilidade já aprenderam o necessário ou, ainda, a nos avisar que investimos, mas que eles ainda necessitam de mais cuidados para que aprendam aquilo que necessitam aprender.

Desse modo, o estudante poderá sentir que sua relação com o educador é uma relação para a vida, para o crescimento, para o desenvolvimento, para a construção de si mesmo e de sua identidade, assim como da vida social.

Tendo essa postura pedagógica, a prática da avaliação da aprendizagem deixará de ser algo difícil e complicado, como parece que tem sido para muitos, ao longo do tempo. Os professores dizem: "É tão difícil julgar". De fato, na avaliação, nós não precisamos julgar, mas sim diagnosticar e encontrar modos de agir que tragam soluções adequadas e satisfatórias para os impasses do cotidiano e para a aprendizagem dos nossos estudantes.

Isso é fácil? Não! Essa é uma prática que exige de cada um de nós, educadores: vínculo com a profissão, formação adequada e consistente, comprometimento permanente, atenção plena naquilo que fazemos, cuidados em todas as nossas intervenções e flexibilidade no relacionamento com os estudantes; sobretudo, sendo os adultos da relação pedagógica, tema que será abordado no último capítulo deste livro. E, ainda, ruptura com o senso comum a respeito do uso seletivo dos resultados da investigação avaliativa, modo de agir que nos tem conduzido, desde há muito tempo, de maneira habitual e inconsciente no dia a dia de nossas atividades escolares.

No contexto dessa compreensão, a avaliação da aprendizagem escolar não será um ato pedagógico isolado, mas sim um ato integrado com todas as outras atividades pedagógicas e a serviço delas. O educador, como gestor da sala de aula, ensina e, simultaneamente, avalia; e, enquanto avalia, compreende se há necessidade de investir mais, e mais, na aprendizagem de seus estudantes.

O uso seletivo dos resultados da avaliação conduz ao controle externo dos estudantes, no caso, o foco estará centrado na possibilidade de obrigar o estudante a aprender o que estamos ensinando, assim como no seu castigo com a reprovação. Porém, o *uso diagnóstico* subsidiará cada um de nós, educadores, a tomar as decisões metodológicas necessárias para que os estudantes aprendam e se desenvolvam, sem serem obrigados pela ameaça.

Então, nós, educadores, e os estudantes, com os quais atuamos, estaremos nos aliando para subsidiar seu caminho de desenvolvimento. Nada será forçado, mas, também, nada será considerado "passável". Tudo será confrontado cuidadosamente, desde que todas as condutas são e serão oportunidades de auto-organização.

O uso diagnóstico dos resultados da avaliação estará, pois, a serviço da construção da experiência de vida do educador como profissional e do estudante como cidadão em formação. Nós, educadores, como partes do "princípio organizativo" da experiência do educando, estaremos, como adultos da relação pedagógica, subsidiando sua auto-organização.

Capítulo 4

AVALIAÇÃO DA APRENDIZAGEM E DEMOCRATIZAÇÃO SOCIAL

No presente capítulo, procuraremos compreender como o ato de avaliar, na área da educação escolar, pode ser o nosso parceiro, tendo em vista ultrapassar o modo excludente, próprio da sociedade do capital no que se refere à educação em nossas escolas. Certamente que a educação não suprimirá a exclusão social, própria desse modelo socioeconômico, contudo, poderá torná-lo menos excludente.

A mais geral das funções do ato de avaliar é investigar a qualidade de objetos, condutas, pessoas, afinal, aquilo que existe em nós ou em torno de nós. Por exemplo, que qualidade tem um anel? Que qualidade tem uma casa? Que qualidade tem um automóvel? Que qualidade tem a terra onde vivo? Que qualidade tem as frutas que vejo nascer, crescer, amadurecer e serem comercializadas? Que qualidade tem os resultados de minha ação? Que qualidade tem os resultados da ação da instituição onde trabalho? Que qualidade tem minha conduta como pai, mãe, namorado, namorada, professor...?

Essas e muitíssimas outras perguntas podem ser feitas a respeito da qualidade daquilo que nos envolve, tendo em vista situar-nos e nos auxiliar a tomarmos múltiplas decisões no decurso da vida. Afinal, nos perguntamos constantemente, seja de modo habitual ou de modo consciente, pela qualidade de tudo aquilo que ocorre conosco e no meio onde vivemos; perguntas necessárias, cujas respostas embasam nossas decisões, das mais simples às mais complexas.

Em decorrência da qualificação processada pela avaliação, objetos são cobiçados, desejados, adquiridos, presenteados; condutas são admitidas, socialmente, como justas, injustas, adequadas ou inadequadas;

resultados de nossas ações são considerados satisfatórios ou insatisfatórios, ou ainda, medianamente satisfatórios; e muitas e muitas decisões são tomadas. Afinal, todas as nossas condutas são antecedidas por um ato avaliativo, como já sinalizamos em momentos anteriores deste escrito.

A qualificação daquilo que se dá no nosso entorno subsidia nossas tomadas de decisão no contexto de nosso agir cotidiano, assim como no contexto de nossos projetos profissionais.

Afinal, a avaliação é a parceira constante a nos sinalizar a qualidade de tudo aquilo que nos envolve, interna e externamente, e, como consequência, nos subsidia a tomar decisões com o objetivo de obter resultados bem-sucedidos em nossa ação.

É com base nos resultados dessa investigação avaliativa constante que, como gestores da nossa própria vida, podemos tomar decisões, tendo em vista a obtenção de resultados bem-sucedidos em conformidade com nossos desejos individuais, mas, também, é com base nos resultados da investigação avaliativa constante que, gestores de projetos sociais tomam decisões, tendo em vista produzir os resultados estabelecidos em planos de ação, elaborados ou propostos de modo intencional.

A avaliação, por si, não produz efeitos positivos, sejam eles quais forem. Ela, como investigação da qualidade da realidade, da forma que a temos compreendido e exposto nos capítulos anteriores deste livro, simplesmente revela a qualidade da realidade, fator que subsidia o gestor da ação em suas decisões. Afinal, a ação pertence ao âmbito da gestão e não da avaliação.

Por isso, assumindo que cada educador, em sala de aula em nossas escolas, é o gestor do ato de ensinar e aprender, pretendemos, no capítulo que se segue, explicitar, de um lado, a riqueza da formação bem-sucedida de todos os estudantes sob nossa responsabilidade e, de outro, compreender que, para realizar essa tarefa, a avaliação é nossa parceira que está e estará sempre a nos sinalizar o sucesso ou o insucesso de nossos estudantes em sua aprendizagem. Sinalização que nos possibilitará novos investimentos, se necessário e se o desejarmos, para que todos conquistem a sua aprendizagem de modo satisfatório.

Os estudantes vêm para a escola para aprender e nós, professores, vamos para ela tendo em vista ensiná-los. O resultado final desse processo deve ser a aprendizagem satisfatória por parte de todos eles e a avaliação, com seus resultados sendo utilizados de modo diagnóstico, será constantemente nossa parceira para a obtenção desse sucesso, evidentemente, se decidirmos por essa opção.

Nesse capítulo, partimos da compreensão de que a sala de aula pode ser um fator de democratização social, e, para compreender isso, trazemos, em primeiro lugar, dados estatísticos da educação brasileira, que se revelam estarrecedores quanto à exclusão social, presente em nossas escolas, via sucessivas reprovações ou desqualificações; e, a seguir, sinalizamos a parceria significativa da avaliação no desempenho de nossa tarefa como gestores da sala de aula, para romper com essa realidade.

Certamente que garantir a contribuição da educação para a democratização social não será um projeto para pouco tempo; será um projeto de longo alcance, em termos de tempo, desde que, na história, a construção de significativas mudanças demanda tempo, sejam elas pessoais ou coletivas. Ao lado de exigir a participação de todos nós — não de poucos — num projeto de mudanças e busca de soluções satisfatórias para todos.

Nossos investimentos não produzirão modificações na vida humana, individual ou coletiva, de hoje para amanhã, mas será significativa no amanhã como futuro. E, certamente que não chegaremos ao futuro, caso não invistamos no agora. Já fizemos muito, contudo, há muito ainda a fazer. Esse é o convite do presente capítulo: investir na construção de uma sociedade democrática, tendo como um dos seus mediadores a educação escolar e, dentro dela, a avaliação.

1. Ensino escolar e democratização no Brasil

Iniciemos pela constatação da exclusão social via a educação escolar. Os dados estatísticos da educação brasileira demonstram, de forma sobeja, a exclusão social via a escola. Importa observar a realidade exposta estatisticamente como base para que nós, educadores, tomemos consciência da necessidade de tornar nossa profissão produtiva do ponto de vista da aprendizagem satisfatória por parte de nossos estudantes.

Existem políticas sociais excludentes, inclusive no âmbito escolar, como existem também políticas sociais inclusivas — por vezes, só nas intenções, mas existem —, contudo, como profissionais dessa área de atuação, a sala de aula é o lugar onde podemos atuar diretamente, tendo em vista transformar essa realidade. Políticas sociais e educacionais positivas poderão ganhar novas e novas facetas legais, sem, contudo, gerar efeitos positivos na realidade da aprendizagem de nossos estudantes. Podemos e devemos sempre buscar políticas sociais e educacionais adequadas e justas, contudo, elas necessitam ser traduzidas em práticas cotidianas, no caso da educação formal, na sala de aula.

Somos uma força. No país, segundo dados estatísticos do ano de 2016, somamos 2.200.000 (dois milhões e duzentos mil) professores no Ensino Básico, âmbito do sistema de ensino que inclui Creche, Educação Infantil, Educação de Jovens e Adultos (EJA), Ensino Fundamental e Médio, e mais 384.000 (trezentos e oitenta e quatro mil) professores no Ensino Superior[1]. Encontra-se, pois, em nossas mãos um poder transformador incomensurável a favor da democratização

---

1. Dados estatísticos do Inep/2016. Estamos nos servindo dos dados estatísticos de 2016, devido ao fato de que os dados de 2017 ainda não estão completamente consolidados; estamos vivendo no mês de junho de 2018.

social. Importa exercitá-lo para produzir os efeitos aos quais se destina nossa ação, isto é, garantir a aprendizagem satisfatória para todos.

Democratização social significa que todos os cidadãos podem participar, em situação de igualdade, da vida individual e coletiva. Para que isso ocorra, importa recursos. O ideal seria que os recursos econômicos, junto com todos os outros benefícios sociais, fossem efetivamente distribuídos para o bem-estar de todos. Contudo, sabemos que, no contexto e no momento histórico presente, vivemos numa sociedade de desiguais, modelo próprio da sociedade do capital, nascido com a modernidade, onde um segmento social dominante, restrito, detém os benefícios da vida social e um imenso segmento dominado serve aos interesses do segmento dominante e sobrevive como pode.

Vale ficar ciente de que a educação, por si e diretamente, não tem poder suficiente para proceder a distribuição dos bens sociais, necessários a todos. Porém, tem um poder indireto, formando sujeitos capazes de buscar e exercitar seus direitos, com base em suas habilidades construídas no cotidiano de nossas escolas. Mais, a sociedade do capital, desde seu nascimento no início da modernidade, necessita de profissionais formados na escola, porém, ela permite, em termos de quantidade, sua formação exclusivamente no limite de sua necessidade; para além disso, de alguma forma, aposta na exclusão escolar, que reflete a exclusão social. Investir na escolarização satisfatória para todos, nesse contexto, expressa a possibilidade de capacitar a todos, a fim de que, individual e coletivamente, tenham recursos para buscar o lugar na sociedade que lhe garanta uma vida, minimamente, saudável.

Tendo em vista compreender essa fenomenologia, assim como a força que se encontra posta em nossas mãos de educadores em sala de aula, é importante ter o senso da realidade educacional brasileira em temos estatísticos.

2. A estarrecedora exclusão na educação brasileira

Para tanto, vamos nos servir dos dados do recente Censo da Educação (Instituto Nacional de Estudos e Pesquisas Educacionais Anísio Teixeira — Inep), 2016, tendo em vista constatar o processo de exclusão social via a escola, como base para um olhar construtivo necessário para a prática educativa escolar[2].

A exclusão escolar, revelada nesse Censo, faz coro com o modelo de exclusão social na sociedade capitalista. Importa ter consciência dela, tendo em vista praticar atos pedagógicos, inclusive nas práticas da avaliação da aprendizagem, a favor da inclusão social e, pois, na busca da democratização da sociedade.

O Ensino Básico, no Brasil, composto pelo atendimento à Creche, à Educação Infantil, à EJA, ao Ensino Fundamental e ao Ensino Médio, no referido ano de 2016, era atendido por 186.100 escolas. Desse total, 132.700 escolas ofereciam alguma etapa do Ensino Fundamental, equivalente a 71,5% dessas instituições, e 28.300 unidades escolares, equivalente a 15% delas, ofereciam o Ensino Médio e, finalmente, o restante, composto por 25.100 escolas, correspondente a 13,5% delas, atendiam a outras modalidades de ensino, tais como Creche, Educação Infantil, EJA. No caso do Ensino Fundamental, das 132.700 escolas, que atendiam a esse nível de ensino, em 116.300 delas (62%), ocorria

---

2. O ano de 2016 não tem nada de especial, simplesmente uma realidade educacional singular que representa a universalidade dos dados que se repetem, ano a ano, no país. No entendimento do materialismo dialético, como recurso de investigação, compreende-se que um fenômeno social pode ser assumido como uma situação singular que representa uma situação universal. Foi dessa forma que Marx entendeu que estudar o modo capitalista de produção na Inglaterra do século XIX permitiria compreender o modo de ser do modelo capitalista de produção em qualquer outro espaço geográfico onde fosse implantado. O ano de 2016 tem os dados estatísticos já consolidados nesse momento, final do ano de 2017 e início de 2018, por isso, estamos nos servindo deles. Contudo, vale observar que a fenomenologia da exclusão social, via a educação escolar, pode ser contatada nas estatísticas da educação no país desse ou de outros anos já passados.

o atendimento às séries iniciais (1º ao 5º ano) e em 62.500 (33%) às séries finais (6º ao 9º ano)[3].

Praticando uma leitura desses dados, vê-se que o número de escolas, que ofereciam educação nas "séries iniciais" do Ensino Fundamental, no ano de 2016, num percentual de 62%, cai vertiginosamente para a metade na passagem para as "séries finais", cujo percentual de unidades escolares que ofereciam esse nível de ensino no país era de 33%.

Estarrecedor ainda é constatar que, do total de 71.5% de escolas que ofereciam Ensino Fundamental, no referido ano letivo de 2016, esse montante cai para 15% quando a referência passa a ser o atendimento ao Ensino Médio. Redução no atendimento de aproximadamente 80% dos estudantes.

Esses dados nos revelam que, à medida que a escolaridade avança, em termos de séries escolares, a redução do número de escolas é estarrecedor, fator que torna patente o processo de exclusão social, via a escola. Quanto mais se avança nos níveis de escolaridade, menor é o número de escolas que atende à demanda social.

Evidentemente que essa crescente redução do número de escolas em relação às séries crescentes de escolaridade tem seu correlato na crescente redução do número de estudantes em conformidade com o avanço nas séries escolares. Então, não menos estarrecedora se expressa a estatística educacional no país, quando tomamos como referência o "número de estudantes atendidos" nos diversos níveis de escolaridade.

No ano de 2016, tivemos 48.800.000 (quarenta e oito milhões e oitocentos mil) estudantes matriculados no Ensino Básico, o que implicava 13.200.000 (treze milhões e duzentos mil) matriculados em

---

3. Tendo em vista haver coerência na relação entre números absolutos e percentuais no que se refere às ofertas, importa ter presente que um estabelecimento de ensino podia e pode oferecer mais de uma modalidade de ensino. Por exemplo, séries iniciais e finais do Ensino Fundamental; séries finais e Ensino Médio.

Creches, Educação Infantil e EJA; 27.500.000 (vinte e sete milhões e quinhentos mil) matriculados no Ensino Fundamental, séries iniciais e séries finais; e 8.100.000 (oito milhões e cem mil) no Ensino Médio. Vale observar que, dos estudantes matriculados no Ensino Fundamental, nesse referido ano, 15.300.00 (quinze milhões e trezentos mil) deles estavam matriculados nas séries iniciais e 12.200.000 (doze milhões e duzentos mil) nas séries finais.

De novo, os dados estatísticos, agora voltados para o número de estudantes matriculados em nossas escolas, nos revelam uma imensa exclusão social. Vale observar a poda que ocorreu entre os 27.500.000 matriculados no Ensino Fundamental para os 8.100.000 no Ensino Médio; foram excluídos, em nove anos de escolaridade, um total de 19.400.000 estudantes. Ou seja, no decurso de nove anos de escolaridade, foram excluídos 70,54% dos estudantes que se evadiram ou foram evadidos entre o início do Ensino Fundamental e o início do Ensino Médio.

Acrescente-se, ainda, segundo os dados estatísticos do referido ano de 2016, os quantitativos relativos aos estudantes de nível superior e veremos que a exclusão escolar vai mais longe ainda.

Havia, nesse ano, um total de 8.048.701 estudantes matriculados nas 2.407 instituições de Ensino Superior no país. E, frente a esse montante de estudantes, no referido ano do qual estamos nos servindo dos dados estatísticos, tivemos somente 1.100.000 diplomados no Ensino Superior. Novamente uma exclusão estarrecedora. Na descrição estatística dos estudantes matriculados nos diversos níveis escolares, observa-se a imensa diferença entre os matriculados no Ensino Fundamental e os matriculados no Ensino Superior. Ensino Fundamental, 27.500.000 de matriculados e Ensino Superior, 8.048.701 de matriculados. Quanto ao número de escolas, no ano de 2016, 132.700 escolas ofereciam alguma etapa do Ensino Fundamental e somente 2.407 ofereciam Ensino Superior. Queda absolutamente abrupta no número de instituições escolares entre um e outro nível de ensino.

Certamente que a leitura que fizemos, relativa ao montante de estudantes existentes no país com os diplomados de nível superior torna-se um tanto linear, desde que a coleta de dados não está registrada série por série, mas sim por grupos de séries. Então, seria de todo conveniente buscar uma compreensão mais restrita da relação entre estudantes matriculados no Ensino Fundamental e Médio e os dados relativos aos formados no nível superior, no ano de 2016. Aprofundando a análise e a compreensão desses dados de um modo menos simples e direto, mesmo dessa forma, os referidos dados expressam, de modo contundente, a exclusão escolar, o que redundará na exclusão social via o ensino escolar.

Para uma leitura mais adequada da exclusão dos estudantes entre a 1ª série do Ensino Fundamental e a obtenção do Diploma Universitário, importa lembrar que os estudantes que obtiveram o Diploma Ensino Superior no ano de 2016, num total de 1.100.000 (um milhão e cem mil), devem ter ingressado no Ensino Fundamental, dezesseis anos antes (8 de Ensino Fundamental + 3 de Ensino Médio + 4 ou 5 anos de Ensino Superior), fato que corresponde ao ano 2000.

No caso, só para a compreensão do processo de exclusão social via a escola, verificando os dados da estatística educacional do ano 2000 a respeito dos estudantes matriculados no Ensino Fundamental e Médio, juntos formavam um total de 43.946.524. Exclusivamente no Ensino Fundamental, estavam matriculados 35.717.948 estudantes, assim como, exclusivamente no Ensino Médio, estavam matriculados 8.774.576. Nesse referido ano, no Ensino Fundamental, séries iniciais, estavam matriculados 20.201.500 e, nas séries finais, 15.518.442. E, como não temos em mãos os dados por séries individuais (1ª, 2ª, 3ª, 4ª) do Ensino Fundamental, no referido ano de 2000, para um exercício compreensivo, tomamos o total de matrículas nas "séries iniciais", que foi de 20.201.500 estudantes, e o dividimos por 4 (número de séries componentes do segmento "séries iniciais" do Ensino Fundamental, no referido ano). Nessa circunstância, assumindo genericamente, só para efeito de raciocínio, que o número de matriculados seria equivalente nas quatro séries iniciais — ainda que usualmente saibamos que há um decréscimo de matrículas em conformidade com o avanço dos anos de escolaridade, fator que levaria a registrar maior número de estudantes na 1ª série e menor na 4ª série —, teríamos 20.201.500 distribuídos linearmente por quatro séries, o que daria 5.050.375 para cada uma das séries iniciais do Ensino Fundamental, no referido ano.

Seguindo esse raciocínio, dos 5.050.375 estudantes matriculados na 1ª série do Ensino Fundamental, no ano 2000, dezesseis anos depois, somente 1.100.000 obtiveram diploma universitário no ano de 2016, ou seja, dos 100% de estudantes matriculados na 1ª série do Ensino Fundamental, ano 2000, 21,7% deles teriam chegado ao final da escolaridade regular no Brasil, no ano de 2016, o que implica que 78,3% dos referidos estudantes foram excluídos ao longo desses anos.

Esses dados revelam uma exclusão escolar extremamente intensa no percurso de formação escolar no país. Podemos até mesmo admitir que, por variadas razões, nem todos os estudantes matriculados na primeira série do Ensino Fundamental teriam que chegar ao diploma universitário, dezesseis anos depois; contudo, o volume de perda de estudantes na travessia do sistema formal de ensino, no montante de 78,3%, é desmesurado.

Os dados estatísticos mencionados, com base no ano de 2016, relativos ao número de estabelecimentos de ensino e de estudantes neles matriculados, assim como os dados relativos àqueles que receberam diploma universitário, após a trajetória de 16 anos de escolaridade, nos autorizam dizer que a escola tem se somado, através da exclusão escolar, ao processo de exclusão social, própria da sociedade burguesa, nascida no alvorecer da modernidade.

Foi a própria sociedade burguesa que inventou a escola formal no início da modernidade (séculos XVI e XVII); contudo, a inventou exclusivamente para atender às suas necessidades, no limite daquilo que necessitava para "fazer a máquina social funcionar sob sua ótica", isto é, uma sociedade composta pelos segmentos dominante e dominado, colocando o último segmento a serviço do primeiro; modelo social onde a perspectiva de democratização social era, e continua sendo, nula. Fato que implicava, e que implica ainda, a exclusão social.

O segmento dominante desejava, e ainda deseja, que somente parte do segmento dominado fizesse, e faça, por inteiro o percurso de sua formação escolar, tendo em vista atender à sua necessidade e não a inclusão de todos nos bens econômicos e sociais vigentes na vida social. Então, educar *todos* para quê, se a sociedade necessitava, e necessita, somente de parte dos cidadãos escolarizados para sua manutenção no poder e para o uso dos bens produzidos?

Importa ter presente que a sociedade burguesa foi revolucionária — na perspectiva da liberdade, igualdade e fraternidade, *slogan* do final do século XVIII, na França —, até tomar o poder no seio da Revolução Francesa. Pós-assentamento no poder, tornou-se conservadora e excludente, desde que a inclusão de todos nos bens sociais não fazia, e não faz, parte de seus projetos.

Diante desses dados, cabe perguntar: Que consequências sociais, políticas, econômicas e éticas teríamos no país, se efetivamente todos nós, educadores, em nossas escolas, afinal, em nossas salas de aula, efetivamente garantíssemos a aprendizagem curricularmente estabelecida e, como consequência, o desenvolvimento dos nossos estudantes?

Certamente, como já afirmamos anteriormente, a educação escolar não fará sozinha a democratização social, desde que ela não processa a distribuição de renda. Porém, se satisfatória em sua tarefa de ensinar "tudo a todos", será uma mediadora fundamental para que a sociedade do presente e do futuro se torne menos injusta e, pois, mais igualitária, oferecendo a todos as condições para, minimamente, disputar "seu lugar ao sol".

Após a constatação desse quadro de exclusão social, mediada também pela escola, desejamos, no que se segue nesse texto, abordar a dimensão e o poder transformador que estão nas mãos dos educadores, desde que, para tanto, façamos, de modo adequado e eficiente, o uso de recursos para uma prática de ensino a serviço do bem de todos os cidadãos desta nação, incluindo entre esses recursos a avalição da aprendizagem e a avaliação da educação em geral.

No caso, a avaliação da aprendizagem, somada ao conjunto dos atos didáticos escolares, é parceira do educador em suas decisões e em seus investimentos a favor da aprendizagem satisfatória por parte de todos os estudantes, como uma mediação a serviço da democratização social.

Nas 186.100 escolas de Educação Básica no país, registradas no ano 2016, atuavam 2.200.000 (dois milhões e duzentos mil) professores, como já registramos anteriormente; e, em nossas 2.407 instituições de Ensino Superior, atuavam 384.094 docentes. Número imenso de profissionais que podem "fazer a diferença" no processo de inclusão e democratização social. Para tanto, importa atuar para que, pedagogicamente, *todos* (não alguns) estudantes aprendam aquilo que devem aprender segundo o currículo nacionalmente estabelecido, de tal forma que a escola possa ocupar o seu lugar no processo de inclusão social e de democratização da sociedade.

Vale observar que as crianças, os adolescentes, os jovens e os adultos que frequentam nossas escolas estão, do ponto de vista neurológico e psicológico, na faixa da normalidade. Então, todos podem aprender os conteúdos ensinados. Mesmo aqueles, hoje denominados de "portadores de necessidades especiais", aprendem os conteúdos escolares, através de variados cuidados especiais, então, qual a razão para que aqueles que são portadores de saúde regular não aprendam aquilo que lhes é ensinado no cotidiano escolar?

3. Avaliação em educação: parceira do educador na arte de ensinar e aprender

Diante do quadro estatístico estarrecedor exposto acima, cabe a nós, educadores, em sala de aula, cumprir nosso papel da forma mais significativa possível. Claro, poderemos — e deveremos — clamar por políticas públicas favoráveis que garantam que a educação instituída atenda a todos, evidentemente, com qualidade satisfatória em suas aprendizagens. Nesse contexto, importa observar que, entre os anos 1950 e 2018, no qual estamos vivendo, já se processaram três grandes Reformas do Ensino — 1961, 1971 e 1996 — e a exclusão social, via a escola, não se modificou. Frente a isso, nossa tarefa na sala de aula é e será traduzir no cotidiano escolar os anseios registrados nos documentos legais e presentes nos cidadãos comuns.

Se cada um de nós — dos 2.200.000 (dois milhões e duzentos mil) professores do Ensino Básico e dos 384.000 (trezentos e oitenta e quatro mil) professores do Ensino Superior — exercer sua tarefa de ensinante e efetivamente produzir o efeito que deve produzir, num espaço de tempo não muito longo, em torno de vinte anos, iniciaremos a ver os resultados de nossa ação. Então, a cada ano, teremos não 1.000.000 (um milhão), mas sim 5.000.000 (cinco milhões) de diplomados de nível superior e, logo, logo, veremos que nenhum brasileiro estará mais recebendo um salário mínimo, no valor de R$ 954,00 (novecentos e cinquenta e quatro reais) por um mês de trabalho ou na faixa da miséria, sobrevivendo com valores monetários menores que esse.

O ato de avaliar, como reiteradamente já afirmamos neste livro, é um "ato de investigar a qualidade da realidade", revelando-a ao gestor da ação, que, tendo por base essa sinalização, pode e deve investir mais e mais para que todos os estudantes efetivamente aprendam e, por isso, não se somem aos números da exclusão social via a escola.

Caso a investigação avaliativa revele a qualidade satisfatória da realidade, o gestor poderá decidir prosseguir com a ação, tendo por base a qualidade já atingida; caso a qualidade da realidade tenha se revelada insatisfatória, caberá a ele duas opções: (a) aceitar a qualidade da realidade como está, mesmo sendo insatisfatória; (b) tomar a decisão de investir mais na ação, de tal forma que a qualidade da realidade transite do nível de insatisfatoriedade para o nível de satisfatoriedade.

Caso a opção do gestor seja de aceitar a qualidade da realidade como está, ele encerra qualquer possibilidade de investimento, desde que está assumindo que a qualidade presente permanecerá como está, sendo satisfatória ou insatisfatória, ou seja, decide extinguir os investimentos na ação em curso. Aceitar a qualidade como está implica em aprovar a realidade com a qualidade que se encontra, seja ela positiva ou negativa. Esse modo de agir expressa um modo *seletivo* de servir-se dos resultados da investigação avaliativa, em conformidade com conceitos dos quais vimos nos servindo ao longo deste livro.

Contudo, caso, por outro lado, a opção do gestor seja por investir mais, e mais, na realidade, até que ela atinja a qualidade desejada, ele estará fazendo um *uso diagnóstico* dos resultados da investigação avaliativa, isto é, estará decidindo investir na busca da qualidade desejada da realidade, nível no qual ela pode ser considerada satisfatória.

Em síntese, a investigação avaliativa propicia ao gestor da ação duas opções: (1) encerrar a ação com a qualidade que ela apresenta, no momento, positiva ou negativa; (2) após a constatação de uma qualidade insatisfatória, continuar a investir na ação, tendo em vista conduzi-la a um resultado satisfatório. Na prática cotidiana da avaliação e em situações profissionais específicas — sejam elas na educação escolar ou em outra área de atuação —, sempre existem as duas possibilidades de uso dos resultados da investigação avaliativa; possibilidades que estão e estarão sempre presentes. Caberá ao gestor da ação a decisão de como servir-se dos resultados da investigação avaliativa.

Aplicando essas compreensões à prática educativa, seja qual for o objeto da investigação avaliativa — a aprendizagem em sala de aula, a instituição educacional (unidade escolar) ou o sistema de ensino (avaliação de larga escala) —, ela será sempre a parceira do gestor, se essa for a sua compreensão e sua disposição para servir-se dela como tal. Não é a avaliação que, por si, é diagnóstica ou seletiva; ela simplesmente investiga e revela a qualidade da realidade; ao gestor caberá a decisão de como servir-se dos seus resultados, de forma diagnóstica ou de forma seletiva.

Os resultados estatísticos da educação no Brasil, registrados no tópico anterior deste capítulo, demonstram de forma estarrecedora o nível de exclusão social presente nessa área de atuação social. E, então, caso nos convençamos do nosso poder de transformação social e da nossa capacidade de fazer diferente, de imediato, podemos iniciar a investir mais e mais na aprendizagem de nossos estudantes, a fim de que todos se apropriem dos conteúdos curriculares oficiais — conhecimentos e habilidades — e, dessa forma, tenham recursos para buscar seu "lugar ao sol" na vida social.

Concluindo

Se nós educadores desejamos colocar a prática educativa a serviço da democratização social, importa que ela seja eficiente, isto é, que todos os estudantes aprendam aquilo que necessitam aprender e, por aprenderem, se desenvolvam. Então, todos adquirirão recursos para buscar o seu lugar na vida social em situação de igualdade.

Nesse âmbito de compreensão, a avaliação expressa-se efetivamente como parceira do educador na busca e construção do resultado satisfatório desejado. Ela lhe revela a qualidade da realidade, a fim de que sua decisão seja adequada e eficiente. Nesse contexto, não há como não atribuir ao educador, como gestor da ação educativa em sala de aula, um papel significativo e de destaque na conquista da cidadania para todos. Há que se apostar no fato de que a formação consistente de todos os nossos educandos é um recurso de democratização social.

O convite desse texto é para que todos nós, educadores — segundo estatísticas do ano de 2016, num total de 2.200.000 profissionais da Educação Básica e 384.000 no Ensino Superior, distribuídos pelas 186.100 escolas, implantadas nos mais variados rincões deste país, somados aos 384.000 professores universitários, distribuídos pelas 2.407 instituições de Ensino Superior — estejamos atentos a todos e a cada um dos nossos estudantes com as posturas apropriadas ao ensino e com o rigor metodológico necessário à prática do ensinar e do aprender. Afinal, uma atividade profissional pela cidadania, pela busca da democratização social.

Temos em nossas mãos recursos suficientes para transformar a realidade da exclusão em nossas escolas e, consequentemente, atuar na sua inclusão social e, pois, democratização da sociedade. Este capítulo expressa uma compreensão e um convite. Assimilar a compreensão está na área cognitiva, abraçar a causa depende da integração de nossas facetas cognitivas e afetivas, conjuntamente.

Capítulo 5

AVALIAÇÃO DA APRENDIZAGEM:
questões epistemológicas

Como vimos abordando em capítulos anteriores deste livro, o ato de avaliar se encerra quando se obtêm os resultados da investigação avaliativa, que expressa a qualidade da realidade investigada; o resultado de investigação será usado pelo gestor da ação.

No caso da sala de aula, o professor atua nos dois papéis, tanto de avaliador como de gestor. E, na sequência, após a obtenção dos resultados da investigação avaliativa, deverá ocorrer o seu uso, sempre praticado pelo gestor da ação, uso que pode ser diagnóstico ou seletivo, tendo o uso probatório como parâmetro de qualidade aceitável, em conformidade com as compreensões epistemológicas que temos estabelecido ao longo deste livro.

Para prosseguir importa retomar, de modo sucinto, os passos metodológicos do ato de avaliar, como investigação da qualidade da realidade, desde que eles nos guiarão neste capítulo tratando do ato de avaliar a aprendizagem: (01) configurar o objeto da investigação avaliativa; (02) coletar os dados a respeito do objeto sobre o qual incide o ato avaliativo, tendo em vista descrevê-lo, e, por último, (03) estabelecer a qualidade da realidade investigada, através da comparação de sua descritiva com um critério de qualidade, previamente estabelecido. A ausência ou a utilização insatisfatória de qualquer um desses passos apresenta duas possibilidades: inviabiliza o efetivo ato de avaliar ou o realiza com carências metodológicas.

O ato de investigar a qualidade da realidade é universal, ou seja, toda e qualquer prática avaliativa segue os mesmos passos, porém, ao avaliador, cabe ajustar as determinações metodológicas ao seu objeto de estudo, e, no caso do ensino, à aprendizagem na creche, na educação infantil, no ensino fundamental, no ensino médio, no ensino superior e na pós-graduação.

1. Planejamento da investigação avaliativa da aprendizagem

O primeiro passo necessário em qualquer prática de investigação, inclusive na investigação avaliativa, é configurar seu objeto de estudo, tendo presente sua abrangência, como também as variáveis a serem levadas em consideração, e, de forma semelhante, os recursos para a coleta de dados. Acresça-se, no caso da avaliação, a definição do padrão de qualidade aceitável para a realidade investigada.

As propostas de ensino e as exigências da aprendizagem sofrerão variações em função do nível de desenvolvimento etário, psicológico, neurológico, mental, lógico, como também dos conteúdos abordados ao longo da formação de cada estudante. Todos esses fatores deverão ser levados em conta em todos os passos metodológicos da investigação avaliativa da aprendizagem.

Na prática educativa escolar, teremos, então, de um lado, o currículo e o plano de ensino que configuram aquilo que *será* ensinado e, consequentemente, de outro, após a prática do ensino, configuram aquilo que *deveria* ter sido ensinado. Caso parte desses conteúdos propostos e planejados não tenham sido ensinados em função de fatores intervenientes, importa ter presente essa ocorrência, desde que somente se pode avaliar os efeitos do ensino realizado.

Com esse cuidado, teremos, em primeiro lugar, a configuração tanto dos conteúdos que seriam ensinados, como daqueles que foram efetivamente ensinados. Os conteúdos ensinados subsidiarão a constituição dos parâmetros da qualidade da aprendizagem que os estudantes deveriam atingir, tendo em vista garantir que aprenderam aquilo que fora ensinado. O currículo e o plano de ensino praticados, juntos, configuram a abrangência dos dados que necessitam ser coletados, tendo em vista obter as informações necessárias para ter ciência se os estudantes estão atingindo ou atingiram o nível de satisfatoriedade na aprendizagem daquilo que fora ensinado.

Caso o currículo e o plano de ensino não tenham sido cumpridos na sua totalidade, em função de múltiplas possíveis variáveis intervenientes ao longo do período letivo, para proceder os atos avaliativos, o responsável por esse processo deverá ter presente esse dado em seus cuidados investigativos, desde que só se pode avaliar os resultados da aprendizagem em decorrência da efetiva realização do ensino e não de sua *suposta* realização.

Em meus anos de escolaridade fundamental e média (entre os anos de 1957-1963), existiam professores que estabeleciam determinações como: "Não tivemos tempo suficiente para abordar todos os conteúdos que constam do planejamento do ensino, mas estudem, todos comporão os conteúdos das provas". No caso vale a pergunta: "Como avaliar o desempenho do estudante na aprendizagem de conteúdos que não passaram efetivamente pela fase do ensino?". Isso acontecia. Será que acontece ainda?

Afinal, importa, para quem avalia, saber se a ação praticada — no caso que nos interessa aqui, a atividade de ensino em sala de aula — produziu os efeitos desejados, isto é, a aprendizagem dos estudantes, segundo o conteúdo definido no currículo e no plano de ensino; contudo, frise-se bem, currículo e plano de ensino *executados*.

À semelhança de todas as áreas de ação humana[1], o gestor de uma atividade pedagógica em sala de aula investe esforços com a

---

1. Em projetos de ação de outras áreas, o avaliador deverá ter presente os objetivos dos referidos projetos, tendo em vista verificar a qualidade dos resultados desejados e estabelecidos

intenção de produzir o efeito desejado, estabelecido no projeto de ação, traduzido aqui pelo plano de ensino; afinal, é em função desse objetivo que o professor se coloca em sala de aula como profissional. Em sã consciência, ninguém contrata um profissional para praticar uma ação que, previamente, se sabe que não produzirá o resultado desejado[2]. A avaliação só existe para anunciar o nível de satisfatoriedade ou insatisfatoriedade obtido com a ação.

O algoritmo do ato de avaliar é universal, porém, o seu objeto de investigação não o é, se dá situado no espaço e no tempo, desde que a avaliação é subsidiária de um projeto de ação e, no caso que nos interessa, de um projeto pedagógico que orienta a ação de ensinar num determinado espaço e tempo específicos.

Quem pratica avaliação da aprendizagem na creche deverá ter como parâmetro tanto para sua ação pedagógica, como para a prática avaliativa as normas estabelecidas para o atendimento aos bebês e às crianças em seus primeiros anos de vida. O mesmo deverá ocorrer para cada um dos níveis de atendimento educativo de forma institucional: ensino fundamental, médio, de educação de jovens e adultos, universitário e pós-graduado.

Planejar a avaliação da aprendizagem significa, pois, estabelecer o objeto da investigação, com seus conteúdos e variáveis, que, conjuntamente, configuram a abrangência dos dados a serem coletados para

---

previamente. No cotidiano, os profissionais denominam o ato avaliativo de "experimentar para ver se está bom", isto é, verificar a qualidade dos resultados obtidos frente aos desejados. Desse modo age o cozinheiro, o alfaiate, o pintor de paredes, o professor de direção de automóvel, o arranjador de um texto musical, o diretor de uma peça teatral, um regente de orquestra... Ou seja, importa a qualidade do resultado obtido frente ao projeto da ação como parâmetro da qualidade desejada.

2. Os dados estatísticos registrados no capítulo anterior demonstram o quanto, no que se refere à sala de aula, não temos prestado atenção ao detalhe de que todo gestor de uma ação investe na satisfatoriedade dos seus resultados. Usualmente nos damos por satisfeitos com os resultados obtidos, mesmo que estatisticamente negativos.

a prática avaliativa, assim como os recursos de coleta de dados para a avaliação; o mesmo ocorrendo com o estabelecimento do padrão de qualidade aceitável do desempenho do estudante.

O ato de ensinar em sala de aula deve traduzir, na prática cotidiana do ensino, aquilo que fora configurado no seu planejamento, que, por sua vez, deve traduzir o currículo escolar assumido na instituição onde o professor atua. Essa configuração determina o espectro de abrangência do ato avaliativo, abrangência que deve conter tudo aquilo que fora ensinado e da forma metodológica como ocorreu o ensino, nem mais nem menos que isso.

Caso, na investigação avaliativa, existam solicitações ao estudante de condutas que vão para além do ensinado, o professor estará exigindo-lhe desempenho para além daquilo que fora ensinado; e, por outro lado, caso a solicitação de condutas aprendidas fique aquém do ensinado, não se saberá se ocorreu, ou não, a aprendizagem desejada, desde que nem todos os conteúdos ensinados foram tomados em conta na investigação avaliativa[3].

Nos livros que tratam do assunto "medidas educacionais", usualmente, existe um tópico que trata da *tabela de especificação* dos conteúdos e condutas a serem levados em conta em um instrumento de coleta de dados para a avaliação da aprendizagem. No geral, essa orientação metodológica sugere estabelecer uma tabela de dupla entrada, uma delas contendo as condutas a respeito das quais se coletará dados relativos ao desempenho dos estudantes, e a outra indicando os conteúdos em torno dos quais serão elaboradas questões e tarefas a serem propostas aos estudantes a fim de que manifestem suas aprendizagens.

A exemplo, transcrevemos, a seguir, uma tabela de especificação, tomada do livro *Elaboração de testes de aproveitamento escolar*, de Norman

---

3. A expressão "conteúdos", nesta frase, como em outras neste texto, significa, conjuntamente, a aquisição de conhecimentos (informações) e a consequente formação de habilidades.

Gronlund (Editora Pedagógica Universitária, 1974, p. 27). No título da tabela, o autor refere-se aos conteúdos abordados em dois capítulos do seu próprio livro, cujo conteúdo supostamente seria objeto de um teste para avaliação da aprendizagem.

ESPECIFICAÇÕES PARA UM TESTE SOBRE OS CAPÍTULOS 1 E 2 DESTE LIVRO

Resultados \ Conteúdo	Papel dos testes no ensino	Princípios de teste	Planejamento do teste	Número total de itens
Conhece os termos	2	4	4	10
Conhece os procedimentos	2		3	5
Conhece as categorias da taxionomia			5	5
Compreende os princípios	2	6	7	15
Compreende aplicações no ensino	4		11	15
Pode reconhecer adequadamente resultados formulados			10	10
Número total de itens	10	10	40	60

Importa observar que, nessa tabela, na coluna relativa aos "Resultados", isto é, condutas ensinadas e que deveriam ter sido aprendidas, o autor serve-se das categorias da *Taxionomia de objetivos educacionais*, da autoria de Benjamin Bloom, em sua categoria "Conhecimento". Vale observar ainda que, nessa tabela apresentada pelo autor como um exemplo, estão presentes, na coluna vertical, os comportamentos cognitivos a serem contemplados no teste e, na linha horizontal, os conteúdos ensinados e a serem solicitados aos estudantes, indicando, então, no cruzamento dessas duas variáveis, a quantidade de questões a serem elaboradas, tendo em vista testar suas aprendizagens. Para uma tabela de especificação semelhante a essa, importa que o leitor se dedique a estudar e utilizar a *Taxionomia de objetivos educacionais*, elaborada por Benjamin Bloom[4] ou outra assemelhada.

Uma tabela de especificação define os dados a serem coletados na investigação avaliativa. Com ela, o educador define conscientemente as condutas e os conteúdos necessários que serão levados em conta na coleta de dados sobre o desempenho do estudante em sua aprendizagem. Com essa compreensão, importa que, previamente à elaboração de um instrumento de coleta de dados para a avaliação, o educador tenha consciência clara e precisa em torno daquilo que necessita solicitar, tendo em vista descrever o desempenho do seu estudante.

Uma tabela de especificação, próxima ou assemelhada à transcrita acima, permite ao educador ter consciência clara e precisa das condutas trabalhadas pedagogicamente em sala de aula e que importa serem levadas em conta, tendo em vista ter ciência da qualidade das aprendizagens dos estudantes em conformidade com o ensinado. Com a elaboração de uma tabela de especificação, o educador define conscientemente as condutas e os conteúdos necessários a serem levados em conta na coleta de dados sobre o desempenho do estudante em sua aprendizagem.

Contudo, importa estar ciente de que não necessariamente o professor deverá sistematizar os conteúdos a serem levados em conta na elaboração dos instrumentos de coleta de dados sobre o desempenho do estudante, segundo o modelo de tabela de especificação, acima apresentado. Uma cuidadosa lista dos conteúdos e habilidades propostos e trabalhados em sala de aula auxiliará o professor a solicitar aos estudantes somente aquilo que planejou e ensinou, nem mais nem menos.

---

4. Ver Benjamin S. Bloom et al., *Taxionomia de objetivos educacionais*, domínio cognitivo. Rio de Janeiro: Globo, 1973, e *Taxionomia de objetivos educacionais*, domínio afetivo. Rio de Janeiro: Globo, 1972.

Somente aquilo que fora ensinado. Por exemplo, no ensino de adição em matemática, caberia uma lista de conteúdos a ser levada em conta na elaboração de um teste, aproximadamente como se segue: conceito de adição (3 questões); fórmula da adição e seu uso (3 questões); propriedades da adição (3 questões); solução de exercícios de adição (3 questões); solução de problemas simples de adição (3 questões).

Uma lista de conteúdos, por mais simples que seja, estará lembrando ao educador que, ao elaborar o instrumento de coleta de dados sobre o desempenho do estudante, não poderá e não deverá agir aleatoriamente. Perguntas aleatórias são trágicas em qualquer circunstância nos procedimentos de avaliação no âmbito do ensino.

O mapa de conteúdos que deve orientar a elaboração de questões em um instrumento de coleta de dados — seja ele um teste ou um conjunto de tarefas — é bastante simples em sua elaboração: um elenco aquilo que foi ensinado e como foi ensinado (metodologia do ensinar-aprender). Esse é o primeiro passo do ato de investigar avaliativamente a aprendizagem do estudante.

2. Coleta de dados para a avaliação da aprendizagem

A coleta de dados para a avaliação é o segundo passo fundamental para se praticar o ato avaliativo no âmbito do ensino-aprendizagem escolar, desde que os dados coletados, tendo por base a tabela de especificação, testemunharão, de modo factual, os resultados obtidos. Para tanto, o avaliador, como investigador da qualidade da aprendizagem dos estudantes, deverá coletar dados sobre a realidade investigada, tendo em vista descrevê-la e, dessa forma, configurá-la como base para o próximo passo do ato avaliativo, que é comparar a realidade descrita com o padrão de qualidade assumido como válido.

Sem uma coleta de dados, própria de uma investigação com a característica de objetividade, a atribuição de qualidade à realidade sofrerá interferências subjetivas e, pois, emocionais, fatores que poderão obscurecer o resultado do processo avaliativo.

Para proceder a coleta de dados, haverá necessidade de recursos técnicos que, coletando dados, viabilizem a descrição da realidade. Não há conhecimento efetivo da realidade sem sua descrição e seu funcionamento. No caso da avaliação da aprendizagem, os fatos a serem observados e descritos — a aprendizagem por parte do estudante — são internos ao aprendiz, o que implica que, para descrevê-los, haverá necessidade de identificar, elaborar e utilizar recursos que convidem o estudante a manifestar seu desempenho. Sem isso, poderemos ficar a observar o sujeito de nossa investigação (o estudante) por horas, dias ou meses a fio e não teremos ciência do que se passa dentro dele. Então, necessitaremos de recursos que nos possibilitem detectar o desempenho do estudante à medida que realiza uma tarefa solicitada, que, por isso, revela aquilo que aprendeu e que sabe utilizar: perguntas, exercícios, práticas, desempenhos.

No que se refere aos bebês numa creche, como também na educação infantil, haverá necessidade, em primeiro lugar, de ter a posse de parâmetros de conduta de crianças na faixa de idade em que se encontram aquelas com as quais atuamos como educadores e que estamos investigando. No caso, tendo presente uma tabela de especificação das condutas esperadas e desejadas, observar suas ações e reações, na busca de compreender aquilo que está se passando com elas. Fundamentalmente, nessa faixa de idade, o recurso de coleta de dados será a observação sistemática e constante da expressão da criança, ou seja, como age, como reage, como atua, como se relaciona com o mundo e com os outros...

Lembrar que crianças não nascem falando e, mesmo quando já tiverem a posse da fala, não necessariamente saberão expressar verbalmente aquilo que está ocorrendo dentro delas.

Haverá, pois, para a coleta de dados para a avaliação, no caso das crianças, necessidade de sensibilidade e de recursos suficientes para configurar seus atos e suas reações, a fim de que se possa ter noção do que está ocorrendo com elas. Não um juízo prévio, como usualmente ocorre a nós adultos, ao estarmos junto a crianças em ação. Há necessidade de uma efetiva observação dos atos e situações, que estão se desenrolando à nossa frente, assim como seus resultados. Há, pois, necessidade de o avaliador estar atento às suas próprias reações emocionais e julgamentos, tendo em vista praticar a descritiva da realidade; há necessidade de cuidados com a *objetividade* dos dados obtidos através da observação direta da conduta das crianças.

Os recursos de coleta de dados sobre o desempenho do estudante dependerão de fatores tais como sua idade, seu desenvolvimento psicológico, seu nível de escolaridade. Existirão circunstâncias nas quais só será viável a observação, como ocorre predominantemente na creche e na educação infantil. Quando, porém, em função do próprio desenvolvimento do educando, se torna possível o uso de instrumentos de coleta de dados, para além da exclusiva observação, nós nos serviremos, então, de recursos que convidam o estudante a manifestar desempenhos, que possam ser "lidos" posteriormente, como ocorre, por exemplo, nos testes escritos, em demonstrações propostas... Afinal, os recursos de coleta de dados sobre o desempenho do estudante devem permitir a possibilidade de conhecer seu desempenho em torno dos variados conteúdos com os quais se está trabalhando, assim como das variadas habilidades construídas através de cuidados com o educando no ensinar-e-aprender.

Tendo presente os princípios expostos, a seguir, vamos sinalizar algumas características necessárias a todo e qualquer recurso de coleta de dados para a avaliação da aprendizagem, seja ela por uma observação, por uma entrevista, por um teste com demonstração prática, assim como através de testes escritos.

2.1 Sistematicidade do conteúdo abordado

A primeira das características fundamentais e imprescindíveis de um recurso de coleta de dados para a avaliação no âmbito da educação escolar é a *sistematicidade* ou a *abrangência* dos conteúdos abordados; característica, a qual, de alguma forma, já nos referimos acima, quando abordamos a necessidade de uma "tabela de especificação", que estabeleça os conteúdos que comporão o instrumento de coleta de dados.

Sistematicidade significa a abrangência das variáveis que serão levadas em conta para configurar o objeto da investigação e que deve ser traduzida no instrumento elaborado para a coleta de dados, seja ele qual for: teste, tarefa, demonstração, entrevista, roteiro de observação, entre outros.

Vamos, aqui, nos servir de um exemplo com o conteúdo adição, em matemática, já sinalizado anteriormente, abordando o tema da tabela de especificação. Vamos supor que estamos desejando saber se os estudantes, com os quais atuamos em seu ensino, aprenderam a operação matemática da adição. Para tanto, importa coletar dados sobre o seu desempenho no que se refere: ao raciocínio aditivo; à fórmula da adição; às propriedades da adição; à prática da adição através de exercícios aditivos; à solução de problemas simples e complexos, envolvendo a operação da adição. Observar que se pode estabelecer lista semelhante a respeito de todo e qualquer conteúdo ensinado.

Frente a esse conjunto de variáveis a serem levados em conta em um instrumento de coleta de dados a respeito da aprendizagem e do desempenho do estudante no que se refere ao conteúdo "adição" (ou a outro qualquer), facilmente, ouviremos, por parte de variadas pessoas, a exclamação: "Mas, usar essa lista de conteúdos significa elaborar perguntas a respeito *de tudo* o que fora ensinado!". Exatamente!

Se aquilo que fora ensinado cobria o "essencial" para a aprendizagem e formação do estudante, importa ao professor ter ciência de sua efetiva aprendizagem, ou não, desde que, caso não tenha aprendido, importa reorientá-lo até que aprenda, desde que "a função da escola é ensinar os conteúdos curriculares estabelecidos como essenciais". Então, a coleta de dados a respeito da aprendizagem por parte do estudante não pode ser aleatória ou casuística. Importa, ao contrário, que sejam abordados aqueles conteúdos que configuram aquilo que deveria ser ensinado e aprendido, em conformidade com o currículo e com o plano de ensino, e que efetivamente foram ensinados. Nem mais nem menos.

A avaliação é a parceira do professor, revelando-lhe se o estudante, que fora ensinado, aprendera, ou não, os conteúdos e habilidades trabalhados. A aprendizagem é o único resultado proposto e desejado decorrente da ação do educador em sala de aula, e a avaliação é o recurso que lhe oferece notícias da qualidade da aprendizagem por parte do estudante, fator que lhe garante a possibilidade de tomada de decisões, seja para assumir como encerrada uma atividade de ensino, desde que já atingira sua meta, seja para decidir por novos investimentos, desde que o resultado desejado ainda não tenha sido atingido.

Desse modo, a primeira característica essencial de todo e qualquer instrumento de coleta de dados sobre a aprendizagem do estudante é a *sistematicidade*, representada pela tabela de especificação, sem a qual a descritiva do desempenho do estudante estará claudicando, pois, sem essa abrangência, não teremos como descrever se o estudante efetivamente aprendeu "aquilo que fora ensinado", ou se aprendeu "somente partes isoladas do que lhe fora ensinado". Ter presente a sistematicidade oferece ao educador não só a possibilidade de decidir se haverá necessidade de investir mais na aprendizagem dos estudantes, mas, de modo especial, em torno de quais conteúdos haverá essa necessidade ou se o nível de qualidade já atingido em todos os tópicos de conteúdos ensinados pode ser considerado satisfatório.

Nesse contexto, é imprescindível, na elaboração de qualquer instrumento de coleta de dados para a avaliação, que se tenha presente a sistematicidade em relação aos conteúdos a serem abordados. Sem essa característica, a descritiva obtida com a coleta de dados será sempre claudicante, falha e distorcida.

2.2 Linguagem compreensível

A segunda característica fundamental de todo e qualquer instrumento de coleta de dados para a avaliação é a *linguagem compreensível*. Sem compreensão daquilo que se pergunta ou se solicita, não há como o informante responder com adequação.

Importa que o estudante compreenda aquilo que lhe é perguntado ou orientado a desempenhar. Sem se compreender aquilo que se pergunta ou aquilo que se solicita, como oferecer uma resposta ou um retorno, com adequação? Por vezes, nós, professores, criamos uma linguagem complexa, ou até mesmo enviesada, a fim de tornar mais difícil a compreensão daquilo que solicitamos ao estudante. No caso, por vezes, o difícil não é o desempenho solicitado, mas sim compreender aquilo que se solicita.

No dia a dia, na relação direta, pessoal, temos a possibilidade de pedir ao nosso interlocutor o esclarecimento daquilo que solicita e que ainda não compreendemos; contudo, nos testes escritos, como também nas orientações escritas, não há interlocução.

Nessas circunstâncias, de vez em quando, no lugar de professor, somos solicitados, com o seguinte pedido, ou com pedido semelhante, por parte de um estudante, que se encontra submetido a um teste ou a uma prova: "Professor, não compreendi esta pergunta (ou esta orientação). Pode me ajudar?". A resposta usual oferecida aos estudantes, nessa circunstância, de norte a sul, de leste a oeste deste país, assim como de outros países, tem sido equivalente a: "Até ontem eu sabia tudo. Hoje, eu não sei nada. Tem que se virar". Oras, como responder a uma pergunta ou praticar uma tarefa se não se consegue compreender o que se pergunta ou o que se pede?

Então, quem elabora um teste escrito ou uma tarefa a ser desempenhada pelo estudante, necessita estar atento à utilização de uma linguagem compreensível por parte daquele que responderá às solicitações efetuadas. Por vezes, se diz: "Mas, se eu fizer uma pergunta tão compreensível, o estudante facilmente oferecerá uma resposta correta". Nesse contexto, a pergunta a ser feita é: "Como o estudante poderá oferecer uma resposta correta à uma indagação ou à uma proposição do avaliador se ele não compreende o que está sendo solicitado?".

Em síntese, um instrumento de coleta de dados sobre o desempenho do estudante em sua aprendizagem, obrigatoriamente, deverá ser vazado em linguagem compreensível, a fim de que possa responder às perguntas ou às tarefas propostas. E, sempre que houver dúvidas de entendimento a respeito daquilo que está sendo solicitado, importa que o estudante seja esclarecido. Sem compreensão daquilo que se solicita, não existe possibilidade de resposta adequada.

2.3 Compatibilidade entre ensinado e aprendido

A terceira característica necessária de todos os instrumentos de coleta de dados sobre desempenho do estudante em sua aprendizagem é a *compatibilidade entre ensinado e aprendido*.

O professor necessita ter ciência a respeito da aprendizagem por parte do estudante em relação àquilo que fora ensinado, e da forma como fora ensinado, nem mais, nem menos que isso. Para tanto, o instrumento de coleta de dados necessita ser estruturado e construído em compatibilidade com o ensinado em termos de conteúdos, complexidade, dificuldade e metodologia utilizada no ensino.

Para agir, com justeza e adequação, o educador, no papel de avaliador, necessitará servir-se de um instrumento de coleta de dados que tenha sido elaborado em compatibilidade com os *conteúdos ensinados*, seja ele em termos de conhecimentos (informações), de habilidades e de condutas psicomotoras, definidos tanto no currículo assumido como parâmetro do ensino, assim como no plano de ensino, que, por si, deve traduzir o determinado currículo que orienta a ação pedagógica imediata em sala de aula.

Importa, ainda, que o recurso de coleta de dados esteja vazado com o mesmo nível de *complexidade* dos desempenhos com os quais os estudantes foram ensinados. A seguir, um exemplo exagerado para se compreender a afirmação anterior: um piloto de uma aeronave de pequeno porte, uma aeronave pessoal, não tem condições de pilotar um Boeing, frente ao nível de complexidade específica de cada um desses equipamentos. Seria excessivo solicitar a um piloto, que tem o domínio de pilotagem de uma pequena aeronave, pilotar uma aeronave de porte comercial. Coisa semelhante ocorre com todos os conteúdos escolares, que são ensinados com variados níveis de complexidade em conformidade com o nível de desenvolvimento do estudante, assim como em conformidade o nível de escolaridade no qual se encontra. Não se pode ensinar um estudante em um determinado nível de complexidade de abordagem e desejar que ele tenha um desempenho em um nível mais complexo. Certamente que o estudante será capaz de responder no nível de complexidade com o qual fora ensinado.

Há também a necessidade de se ter presente o nível de *dificuldade* para o desempenho da tarefa solicitada. Não se pode ensinar algo de desempenho fácil e, a seguir, solicitar ao estudante um desempenho considerado difícil. No instrumento de coleta de dados para a avaliação, haverá necessidade de se solicitar ao estudante desempenho em tarefas com níveis de dificuldade equivalentes àqueles utilizados no ensino. Tanto perguntas quanto tarefas com níveis de dificuldade de desempenho mais fáceis ou mais difíceis produzem enganos na coleta de dados e, consequentemente, na descrição da realidade investigada, no caso, o desempenho do estudante. Importa que o instrumento seja elaborado com perguntas ou tarefas com níveis de dificuldade equivalentes ao ensinado.

Por último, há ainda a necessidade de que os instrumentos de coleta de dados tenham presente a compatibilidade entre a *metodologia* usada no ensino e a metodologia com a qual são elaboradas as perguntas ou tarefas solicitadas aos estudantes. Por exemplo, se se ensina um conteúdo relativo à Língua Portuguesa, através do estudo de textos, as perguntas e tarefas deverão ser elaboradas nesse mesmo contexto metodológico; ou, em uma outra área de conhecimentos, como a história, caso os conteúdos sejam abordados pelo método dialético, as perguntas e tarefas deverão ser elaboradas com essa mesma metodologia. O ato de ensinar com uma abordagem metodológica e a solicitação de desempenho por outra traz embaraços aos estudantes, desde que a forma de pensar e raciocinar depende da metodologia com a qual se está operando.

A exemplo, podemos lembrar que os entendimentos e raciocínios são completamente diferentes, no âmbito da história, se, predominantemente, estamos operando com uma abordagem sócio-histórica ou com uma abordagem factual. Uma abordagem sócio-histórica exige análise do fenômeno em estudo sob a ótica de suas múltiplas determinações; todavia, uma abordagem factual exige somente o relato de fatos, datas e acontecimentos. As abordagens, quanto às aprendizagens, como também quanto aos desempenhos, deverão ser compatíveis com a metodologia utilizada no ensino. Não podemos ensinar história de modo factual e solicitar um desempenho analítico, ou o inverso. O mesmo ocorre em qualquer outra disciplina do currículo escolar.

Em síntese, na elaboração de instrumentos de coleta de dados sobre desempenho do estudante em sua aprendizagem, importa manter compatibilidade com os conteúdos ensinados e aprendidos, compatibilidade com a complexidade e dificuldade da abordagem utilizada, assim como com a metodologia utilizada no tratamento dos conteúdos.

2.4 Precisão

A quarta característica fundamental a ser levada em conta na construção de instrumentos de coleta de dados para a avaliação da aprendizagem é a *precisão*. Precisão significa que, tanto para o elaborador da pergunta, ou da tarefa a ser realizada, quanto para o estudante, que vai responder à pergunta ou realizar a tarefa, não ocorre margem de dúvida sobre aquilo que está sendo solicitado ou orientado a realizar.

Perguntas genéricas e imprecisas permitem também respostas genéricas e imprecisas por parte do estudante, fator que impossibilita ao educador ter ciência se efetivamente o estudante aprendeu aquilo que fora ensinado e que, se não tiver aprendido, importa reorientá-lo novamente. A imprecisão gera dúvidas de ambos os lados.

De forma jocosa, recentemente, ouvi um expositor no decurso de um evento — tratando dessa característica necessária de perguntas e orientação para tarefas, em um instrumento de coleta de dados para a avaliação do desempenho do estudante em sua aprendizagem — dar o seguinte exemplo. Pergunta do professor a respeito de Mem de Sá, terceiro governador-geral do Brasil, com posse ocorrida no ano de 1558: "O que fez Mem de Sá?". Resposta do estudante: "Ele fez o que pôde".

Afinal, para uma pergunta genérica, uma resposta genérica. Em nossas redes sociais de comunicação, de quando em vez, circulam exemplos hilariantes de perguntas e respostas imprecisas e genéricas, adicionadas em provas e testes escolares, que, efetivamente, não permitem qualquer qualificação da aprendizagem dos estudantes, assim como de seu acompanhamento construtivo. Certamente que todos os leitores já tiveram em suas mãos exemplos semelhantes ao acima relatado.

Para além do possível lado hilário desses exemplos, importa que o elaborador de um instrumento de coleta de dados para a avaliação do desempenho do estudante em sua aprendizagem tenha cuidado com essa característica, desde que só podemos ter ciência daquilo que ocorre na subjetividade do nosso estudante se ele o revelar. O aprendido reside puramente na subjetividade de cada um, como já temos sinalizado anteriormente. Então, para saber o que se passa dentro do outro, a única forma é perguntar, e, acrescente-se, perguntar com precisão em torno daquilo que se pretende saber, no caso, se o estudante aprendeu aquilo que fora ensinado.

Pronto o instrumento de coleta de dados — seja ele um teste escrito, um roteiro de entrevista, orientação para uma ou variadas tarefas —, o avaliador fará a coleta de dados sobre a aprendizagem do estudante, orientando-o a responder as informações solicitadas ou as tarefas a serem executadas. Dados que, depois de identificados e organizados, estabelecerão a descritiva da aprendizagem do estudante, fator básico para proceder o terceiro passo da atividade de investigar a qualidade da aprendizagem do estudante: sua qualificação.

3. A qualificação da aprendizagem do estudante

Os dois primeiros passos do ato de avaliar assemelham-se aos dois primeiros passos da investigação científica — planejar a investigação e proceder a coleta de dados, que estabelece a descritiva da situação —, distingue-se, todavia, no terceiro passo, como sinalizamos no primeiro capítulo deste livro, que trata da compreensão epistemológica do ato de avaliar. No âmbito da investigação científica, importa servir-se dos dados objetivamente coletados para fazer uma leitura "do que é a realidade" e "como ela funciona"; no caso da avaliação, nós nos servimos dos dados coletados sobre a realidade, tendo em vista descrever a realidade e atribuir-lhe uma qualidade, através de sua comparação com o padrão de qualidade assumido como satisfatório. Caso a configuração descrita da realidade preencha o critério de qualidade, afirmaremos que sua qualidade é positiva e satisfatória; caso contrário, será considerada negativa e insatisfatória.

Frente a isso, no que se refere ao ensino, importa que o avaliador tenha claro, e presente para si, o padrão de qualidade, que servirá de parâmetro para a atribuição de qualidade ao seu objeto de investigação. Não basta um padrão corriqueiro, de senso comum, mas o padrão efetivo e necessário da qualidade, segundo o currículo e o plano de ensino estabelecidos.

A qualidade, por si, não existe no objeto, como vimos na abordagem epistemológica a respeito do ato de avaliar. Ela é atribuída pelo avaliador, mediante as características objetivas da realidade avaliada em comparação com um padrão de qualidade admitido como satisfatório. No caso do ensino, a realidade é o desempenho do estudante em termos de aprendizagem frente àquilo que lhe fora ensinado, no que se refere às informações, à sua apropriação e às habilidades decorrentes. A qualidade, plenamente satisfatória, ou próxima ou distante da satisfatoriedade, emerge como conhecimento do fato da realidade descrita preencher plena ou parcialmente o critério de qualidade assumido como satisfatório.

Com esse terceiro passo, conclui-se a investigação avaliativa, desde que seu objetivo fora cumprido: revelar a qualidade da realidade. O mais dependerá do uso que se venha a fazer do conhecimento obtido com esse procedimento investigativo.

4. Uso dos resultados da avaliação

Como já sinalizamos anteriormente, o ato de investigar a qualidade da realidade se encerra com a sua efetiva qualificação. O que se segue é o uso desse dado, que já não pertence mais ao âmbito de ação do avaliador, mas sim ao âmbito da decisão do gestor da ação.

No caso da sala de aula, o seu gestor é o professor responsável pelo ensino. Caso considere que, segundo o processo avaliativo realizado, a qualidade do aprendido já seja satisfatória, poderá prosseguir em seu caminhar pela execução do seu plano de ensino. Caso considere que a qualidade obtida seja insatisfatória, se o desejar, deverá tomar decisões de investir mais e mais até que a qualidade da aprendizagem por parte do estudante atinja o ponto desejado.

Esse entendimento, a respeito dos procedimentos da avaliação da aprendizagem, como recurso metodológico, é e será aplicável em todos e quaisquer procedimentos avaliativos, estejam eles voltados para atividades individuais, para atividades coletivas ou de sistemas, como é o caso do sistema de ensino, seja ele institucional, municipal, estadual ou federal. A estrutura metodológica da investigação avaliativa é universal, seus objetos de estudo são particulares, específicos.

Capítulo 6

AVALIAÇÃO DA APRENDIZAGEM E NÍVEIS DE ESCOLARIDADE

Abordaremos neste capítulo os variados objetos de investigação no âmbito da avaliação da aprendizagem, tomando por base os diversos níveis de escolaridade. As contribuições teóricas de Jean Piaget a respeito do desenvolvimento humano nos possibilitam, de maneira fácil e direta, perceber que os variados níveis da escolaridade — creche, educação infantil, ensino fundamental, ensino médio, ensino superior, EJA — seguem, *pari passu*, os seus níveis de desenvolvimento, fator que determina também os cuidados com a avaliação da aprendizagem.

Segundo Jean Piaget, as fases de desenvolvimento do ser humano são quatro: sensório-motora (de 0 a 2 anos de idade), pré-operatória (3 a 6 anos de idade), operatória-concreta (7 aos 12 anos) e operatória-abstrata (dos 12 anos para a frente). Em cada uma dessas fases, o ser humano apresenta características específicas, seja em suas condutas, seja em suas aprendizagens[1].

Importa estar ciente do ato de ensinar, pois, para ser eficiente, necessita ser compatível com as fases de desenvolvimento a fim de que as práticas do ensino sejam adequadas às possibilidades de aprendizagem

---

1. Não iremos tratar dessas fases de desenvolvimento neste capítulo, devido não estarmos tratando desse conteúdo, desde que, por enquanto, nos interessa sinalizar que, ao tratar dos objetos do ato avaliativo da aprendizagem, necessitamos ter presente esse dado; contudo, o leitor poderá tomar a própria obra de Piaget — *Epistemologia genética* — ou um livro de Psicologia da Educação e inteirar-se, em detalhes, a respeito da sua teoria do desenvolvimento humano. O leitor poderá ainda preferir usar uma teoria do desenvolvimento de outro autor. O que importa, nas observações registradas neste capítulo, é que se perceba que tanto o ato de ensinar como o ato de avaliar operam com objetos diferentes em conformidade com os níveis de desenvolvimento do estudante.

dos estudantes; de forma semelhante devemos agir no que se refere ao ato de avaliar a aprendizagem.

Na sequência dessas fases, vale observar que o nascituro está aberto a todas as possibilidades, ao passo que o adulto tem a possibilidade de escolher onde deseja focar sua atenção. Daí não haver um currículo, propriamente dito, que determine os conteúdos a serem praticados na creche (fase sensório-motor), nem para os cuidados a serem praticados na educação infantil (fase pré-operatória); fases de desenvolvimento nas quais a abertura para o mundo circundante é quase que absoluta. Para atuar junto às crianças nessas fases de desenvolvimento, então, importa ter a posse e o domínio de uma compreensão teórica a respeito dos processos de desenvolvimento da criança, que permita ao cuidador a escolha e a prática das condutas necessárias para atendê-las em conformidade com as demandas do seu desenvolvimento; ocorrendo a mesma exigência para atuar com os atos avaliativos.

Já no Ensino Fundamental, que cobre a fase operatória-concreta (dos 7 aos 12 anos de idade) e adentra para a fase operatória-abstrata (imediatamente acima dos 12 anos de idade), há um currículo que define os conteúdos específicos como também as práticas pedagógicas adequadas a cada uma das fases de desenvolvimento, o mesmo ocorrendo no que se refere ao Ensino Médio, ao Ensino Superior e ao EJA, que estão na última fase de desenvolvimento, proposta pelo autor.

Certamente que cada usuário dos recursos do ato avaliativo — na circunstância em que estiver atuando, *pari passu* com as fases de desenvolvimento e com os correspondentes atos de ensinar — deverá fazer os ajustes metodológicos necessários em conformidade com a realidade que estiver sendo objeto de sua prática de ensino: ajustes no que se refere aos conteúdos ensinados e ajustes nos recursos de coleta de dados, como ajustes nos padrões de qualidade a serem levados em conta para estabelecer a qualidade do desempenho dos estudantes.

O mesmo deverá ocorrer em relação às decisões que o gestor da ação deverá tomar a respeito do que ensinar de novo, se necessário, com base nos dados decorrentes da prática avaliativa. Serão variadas as decisões a serem tomadas com base nesses dados, tendo sempre em vista a busca dos melhores e mais significativos resultados decorrentes da ação pedagógica, praticada com a intenção de garantir aos estudantes sua aprendizagem e seu desenvolvimento de forma significativa e satisfatória.

Como temos sinalizado ao longo deste livro, o ato de avaliar subsidia as decisões do gestor da ação e, consequentemente, a prática de agir com mais adequação frente às demandas da realidade, assim como aos objetivos da ação que executa.

1. Avaliação da aprendizagem na Creche e na Educação Infantil

Creche e Educação infantil, em termos de níveis de escolaridade, situam-se nas fases de desenvolvimento denominadas por Jean Piaget de sensório-motora e de pré-operatória, fases que, respectivamente, se dão entre os 0 e 2 anos e entre 2 e 7 anos de idade. Para essas fases de desenvolvimento, a educação formal, propriamente, não tem um currículo estruturado, indicando aquilo que deve ser ensinado e aprendido. Existem sim considerações teóricas sobre essas fases de desenvolvimento, assim como sobre os cuidados que os profissionais que atuam com essas crianças devem levar em conta no seu agir pedagógico.

Para a prática da avaliação da aprendizagem nessas duas fases de desenvolvimento do ser humano, cuidadores e professores necessitarão de ter domínio a respeito dos modos de agir próprios dessa faixa de idade e, em consequência, atenção aos seus atos, tendo em vista verificar a adequação ou inadequação de suas condutas, seja ela do ponto de vista físico, neurológico, cognitivo ou afetivo.

As decisões de intervir deverão ser tomadas sempre na perspectiva de oferecer e orientar atividades e experiências que propiciem às crianças oportunidades de aprendizagem, tendo em vista seu crescimento como sujeitos de si mesmos em sua relação com o mundo. Não podemos nos esquecer que, nessa fase de desenvolvimento, a criança está essencialmente voltada para si mesma. Lawrence Kohlberg, que seguiu os passos de Piaget em seus estudos da psicologia humana, afirma que é a fase do "tudo para mim".

2. Avaliação da aprendizagem no Ensino Fundamental, Médio, EJA e Superior

Como ponto de partida para tratar da fenomenologia da avaliação da aprendizagem no Ensino Fundamental, Médio, EJA e Superior, importa ter presente duas compreensões fundamentais: uma delas quanto às fases de desenvolvimento em que se encontram os estudantes, e outra refere-se à presença de um currículo escolar.

Quanto às fases de desenvolvimento dos estudantes, que são atendidos nesses níveis de escolaridade, não convém esquecer que, seguindo a abordagem de Piaget, as atividades de ensino como também as de aprendizagem ocorrem, no caso, na fase operatória concreta (7 aos 12 anos de idade)[2], seguida da operatória abstrata (dos 12 anos de idade para mais). Isso implica que os estudantes estão saindo da fase de total abertura para as possibilidades de relações com o mundo que os cerca e encaminhando-se para relações mais focadas, com intencionalidade mais definida.

A partir dos sete anos, as crianças intensificam a possibilidade da atenção focada em atividades com finalidades específicas. Então, as disciplinas afetiva e mental, vagarosamente, irão ganhando corpo na vida

---

2. Importa ter presente que, no Brasil, a alfabetização, que tinha como marco inicial os 7 anos de idade, passou a ser iniciada aos 6 anos, em função do estabelecimento do Ensino Fundamental de 9 anos. Para construir a "escola de nove anos", tomou-se a decisão de anteceder um ano na escolaridade do Ensino Fundamental, em vez de avançar um ano.

de cada uma delas em direção à vida adulta, quando cada ser humano efetivamente poderá e deverá ter a posse da disciplina afetiva e mental, fator que lhe dará suporte para viver com adequação suas relações com o mundo que o cerca, como também com os outros seres humanos.

Com esse pano de fundo de entendimento a respeito do desenvolvimento humano, torna-se mais compreensível o fato de que as atividades de ensino — a partir do Ensino Fundamental, atravessando o Ensino Médio, EJA e o Superior — estão pautadas em um Currículo, previamente estabelecido, construído segundo as possibilidades cognitivas e afetivas dos estudantes, que deverá ser traduzido pelos professores em Planos de Ensino e em práticas pedagógicas em sala de aula.

Desse modo, em princípio, nesses níveis de escolaridade formal, o currículo e seus desdobramentos se apresentam como parâmetros para a ação pedagógica e, por isso mesmo, também como parâmetros para os atos avaliativos da aprendizagem de cada estudante. O professor, em sala de aula — ao menos, em princípio — deve traduzir o Currículo em Plano de Ensino e em práticas pedagógicas, sendo uma delas a avaliação da aprendizagem, para a qual importam os cuidados metodológicos abordados no capítulo anterior deste livro.

Infelizmente, em decorrência de nossa história da educação, que, de forma constitutiva, convive com o modelo do capital, nós, professores, de modo inconsciente desconectamos nossos atos pedagógicos de nossos projetos emancipatórios de ensino, ao tempo em que, também, desconectamos as práticas avaliativas de suas finalidades epistemologicamente definidas, que são subsidiar decisões que garantam aprendizagens satisfatórias para todos os estudantes.

Caso observemos o que ocorre nas salas de aula de nossas instituições escolares, perceberemos que, genericamente falando, as práticas avaliativas são exercitadas de modo desconectado das atividades de ensino, à medida que, comumente em nosso cotidiano, elas têm servido, quase que com exclusividade, para "dar notas", tendo como consequência "aprovar/

reprovar" os estudantes e, por vezes, pelo viés da ameaça, conseguir o controle disciplinar; o que significa que as práticas avaliativas são predominantemente utilizadas sob a ótica "seletiva", ao invés de "diagnóstica", como seria desejável, caso nos servíssemos dos atos avaliativos como recurso subsidiário de nossas decisões pedagógicas em sala de aula.

Traduzindo essa compreensão, temos que, em nossas salas de aula, os atos avaliativos que, epistemologicamente, se destinam a investigar a qualidade da realidade e, do ponto de vista diagnóstico, subsidiar decisões construtivas da aprendizagem de nossos estudantes, passam simplesmente a significar um modo seletivo de aprová-los ou reprová-los, atos que representam uma distorção na compreensão do significado primordial do ato de avaliar.

Desse modo, nos níveis de ensino configurados por um currículo — Fundamental, Médio, EJA e Superior —, importa que o educador em sala de aula se sirva das definições curriculares, assim como de seu Plano de Ensino, para orientar sua ação em direção à efetiva aprendizagem de *todos os estudantes*, ao invés de orientá-la pela aposta em um número menos significativo de promovidos nos variados segmentos escolares. O caminho justo e adequado para a avaliação, em todos os níveis e modalidades de ensino, será a sua prática dar-se segundo parâmetros metodológicos consistentes, garantindo informações válidas a serem utilizadas pelo professor, como gestor da sala de aula, tendo em vista o sucesso de sua ação pedagógica, expresso pela aprendizagem satisfatória dos estudantes.

3. Avaliação na pós-graduação

Tendo presente o fato de que na pós-graduação tanto professores quanto estudantes estão se dispondo a estudos que estão para além do básico, os currículos como as práticas pedagógicas, inclusive a avaliação da aprendizagem, necessitam estar pautados nas características desses estudos, ou seja, estudos que visam à formação criativa por parte do estudante. Também, nesse caso, a função da avaliação é subsidiar a ação do professor como gestor da sala de aula.

Tendo presente os passos do processo ensino-aprendizagem, aos quais devem estar atentos os educadores — expor o novo conteúdo; subsidiar o estudante a assimilar o novo conteúdo; propor e praticar exercícios que possibilitem os conteúdos se transformarem em habilidades específicas; propor e praticar atividades de aplicação dos conteúdos aprendidos, tendo em vista ampliar a capacidade de compreender e agir do estudante; recriar soluções existentes; criar soluções novas — na pós-graduação *lato sensu*, minimamente, deveríamos estar atentos à apropriação dos conteúdos ensinados, como à recriação de soluções e, na pós-graduação *stricto sensu*, à criação do novo.

No caso, o padrão de qualidade desejado está para além da apropriação restrita dos conteúdos, desde que, nesses níveis de formação, importa que o estudante manifeste tanto o domínio específico dos conteúdos ensinados, como, para além dele, sua criação pessoal. Então, o padrão de qualidade da aprendizagem nessas atividades de estudos pós-graduados está comprometido, ao mesmo tempo, com a posse dos conhecimentos prévios e com a recriação dos mesmos. O ideal é que esteja comprometido com a criação de novas possibilidades, contudo, nada impede que um Programa ou um professor exija dos seus estudantes tanto um como outro desempenho: a aprendizagem específica de conteúdos ensinados e, como a recriação de abordagens ou criação do novo.

4. Equívocos a serem evitados no que se refere à avaliação da aprendizagem

A seguir, serão mencionados alguns equívocos que necessitam ser evitados nas práticas de avaliação da aprendizagem em todos os níveis de escolaridade.

O primeiro deles está comprometido com o significado das notas escolares[3]. Iniciemos por sua compreensão. Nota escolar não significa, em si, avaliação. Representa simplesmente uma forma de registrar o testemunho do educador de que ele acompanhou o estudante e, por meio desse recurso, está testemunhando, através de um registro escrito, a qualidade detectada do desempenho em sua aprendizagem, segundo uma escala crescente de qualidades expressas numericamente, por exemplo, de 0 (zero) a 10 (dez).

O registro desse testemunho pode ser feito também através de um relato, como tem ocorrido regularmente no ambiente da educação infantil, todavia nada impede que ele seja feito por um recurso sintético, como um número ou uma letra, com a condição de que o significado desse símbolo numérico ou alfabético tenha sido pactuado previamente entre educadores e gestores da prática educativa, tendo em vista garantir a compreensão do seu significado. Não é a forma de registro dos resultados relativos à qualidade da aprendizagem que configura conceitualmente o que é o ato de avaliar. Uma coisa é o ato de avaliar, outra, o registro dos resultados obtidos.

Nesse contexto, importa ter presente que os registros dos resultados — de forma numérica, de modo alfabético ou por relatos —, por si, não fazem parte do ato de avaliar, que se configura como investigação da qualidade da realidade, que, por sua vez, se encerra com a revelação do resultado obtido através desse processo investigativo. Notas, expressas numericamente ou por letras, assim como relatos, simplesmente

---

3. Nota escolar, como forma de registro numérico do desempenho do estudante em sua aprendizagem escolar, parece (hipótese) ter seu início de uso pós o estabelecimento do Sistema de Internacional de Pesos e Medidas, no bojo da Revolução Francesa. Anteriormente, os registros de aproveitamento escolar eram descritivos, como, por exemplo, na *Ratio Studiorum*, publicada pelos Padres Jesuítas, em 1599 — aprovado, reprovado, médio. O "médio" era duvidoso, desde que, com essa qualidade atribuída ao estudante, não se sabia se o estudante havia aprendido, ou não, aquilo que deveria ter aprendido.

registram a memória de uma qualidade obtida através da investigação avaliativa. Nada mais que isso; afinal registros são registros.

Os registros realizados numericamente em escalas variando de 0 (zero) a 10 (dez), por exemplo, trazem em si o usual viés das "médias de notas", já sinalizadas no capítulo 3 deste livro, intitulado "Avaliação da aprendizagem na escola: vicissitudes conceituais, históricas e práticas", tratando do uso seletivo dos resultados da avaliação da aprendizagem. Relembrando: em determinado conteúdo de ensino, um estudante obtém nota 2,0 (dois); contudo, a seguir, o seu professor lhe propõe novos estudos e, em nova prática avaliativa, o estudante recebe a menção 10,0 (dez). O registro final de seu aproveitamento nem será 2,0 (dois) nem será 10,0 (dez), mas sim 6,0 (seis) como média dos dois registros. Essa prática expressa um entendimento assemelhado ao seguinte teor: "Antes você manifestou pouca aprendizagem; a seguir, manifestou aprendizagem plena. Porém, irei registrar que você apresentou aprendizagem média". No mínimo, estranho!

Em segundo lugar, ampliando um pouco mais a abrangência dos equívocos a respeito da compreensão do ato avaliativo, nós nos deparamos com a fenomenologia cotidiana dos atos de "aprovar ou reprovar" o estudante no decurso das séries da escolaridade, ou seja, promover, ou não promover, o estudante para uma série subsequente nos degraus da escolaridade; ou ainda, no caso de Ensino Superior, aprovar/reprovar um estudante em uma disciplina curricular. Os atos de aprovar ou reprovar, por si, são externos à prática educativa escolar em qualquer nível de ensino e, consequentemente, também externa aos atos avaliativos em si.

A prática educativa tem a ver com "ensinar e aprender", desde que a função da atividade escolar é ensinar para que o educando efetivamente aprenda, em qualquer nível de escolaridade, segundo as fases do seu desenvolvimento. Os atos de aprovar ou reprovar estão para além dos atos pedagógicos de ensinar, de aprender e de avaliar.

De fato, o papel do educador em sala de aula é ensinar, tendo em vista garantir o sucesso da aprendizagem do estudante. A aprovação representa o fato de que o desempenho do estudante atingiu o padrão de qualidade desejado de aprendizagem, obtido em decorrência direta do exercício de ensino. A aprovação se dá quando a qualidade dos resultados da ação — no caso, aqui, a qualidade da aprendizagem — é atingida em decorrência dos investimentos do gestor da ação, como temos definido ao longo deste livro.

A aprovação, mais que um prêmio ao estudante pela sua aprendizagem, é a meta a ser atingida em toda e qualquer prática de ensino escolar. A qualidade desejada, como padrão de aprovação, representa a meta da atividade do ensino escolar e não a prática comum de servir-se da fenomenologia de aprovação/reprovação para ameaçar e/ou castigar o estudante.

Por último, o terceiro equívoco a ser sinalizado, comum em nosso cotidiano, tem a ver com a compreensão em torno dos exames escolares, como também no estabelecimento de equivalência entre o "uso diagnóstico" e o "uso seletivo" dos resultados da avaliação da aprendizagem do estudante.

Usando crenças comuns em nosso cotidiano escolar, a avaliação da aprendizagem e os exames escolares, *por si*, teriam equivalência desde que ambos têm como objetivo estabelecer a qualidade da aprendizagem do estudante em uma unidade de estudos. Importa observar, contudo, que, historicamente, a prática avaliativa, sob a denominação de "exames escolares", foi utilizada largamente para aprovar/reprovar estudantes, o que quer dizer promovê-los, ou não, de uma série para outra na escolaridade; já a "avaliação da aprendizagem", também, de maneira histórica, nasceu com essa denominação, tendo como objetivo subsidiar decisões a favor da aprendizagem bem-sucedida por parte de cada estudante, como vimos em capítulos anteriores deste livro.

Essas duas fenomenologias, a dos exames escolares e a da avaliação da aprendizagem, que, em si, operariam com o mesmo conceito epistemológico — investigar a qualidade da aprendizagem dos estudantes —, expressam dois *usos diversos dos resultados* dessa investigação: (1) os exames escolares tiveram e têm como destino aprovar/reprovar seletivamente os estudantes; (2) a avaliação da aprendizagem teve e tem o destino de subsidiar o diagnóstico da aprendizagem dos estudantes.

Ao longo do tempo, no Brasil, após os anos 1970, essas duas fenomenologias passaram simplesmente a ser denominadas de "avaliação da aprendizagem", todavia, com a predominância, quase que exclusiva, do uso dos seus resultados de modo seletivo. Quando, em 1930, Ralph Tyler criou a denominação "avaliação da aprendizagem", por oposição aos "exames escolares", tinha o desejo que se passasse dos conceitos e das práticas de "aprovar/reprovar" para o conceito e a prática de "diagnóstico", tendo em vista subsidiar a conquista do padrão de qualidade desejado e aceitável. Progressivamente, porém, mudou-se a denominação — de "exames escolares" para "avaliação da aprendizagem" —, mas permaneceu-se com a prática de "aprovar/reprovar", fator que confundiu também os usos dos seus resultados investigativos, que eram seletivo e diagnóstico, passando a ser predominantemente seletivo, ou quase que exclusivamente seletivo. Mudou-se a denominação, contudo, permaneceu a prática.

A avaliação da aprendizagem, propriamente dita, situa-se no âmbito da investigação da qualidade da aprendizagem do estudante, e seus resultados investigativos destinam-se a subsidiar novas, e novas, decisões do gestor da ação pedagógica, tendo em vista garantir a obtenção do resultado desejado.

Portanto, no contexto da avaliação da aprendizagem, o uso dos seus resultados investigativos sobre a qualidade da aprendizagem do estudante deve dar-se do contexto do modelo "diagnóstico" em conformidade com conceitos estabelecidos no segundo capítulo deste livro, ou seja, o uso dos resultados da avaliação como base para decisões que tenham em vista conduzir os resultados da aprendizagem do estudante para o nível aceitável (probatório).

Já os exames escolares são praticados para que seus resultados sejam utilizados no modelo "seletivo", o que quer dizer que os resultados dos exames são empregados de maneira exclusiva para aprovar ou reprovar o estudante em sua aprendizagem. O uso seletivo conduz a um ponto final no processo de ensinar-aprender. Não há mais recursos a serem utilizados para incluir o educando no contexto de uma aprendizagem satisfatória. Os exames são úteis e apropriados para os concursos, não para os atos de ensinar e aprender.

Concluindo

Em síntese, para entender e praticar a avaliação da aprendizagem nos variados níveis da escolaridade, importa ter presente a efetiva compreensão epistemológica e metodológica do ato avaliativo, assim como a efetiva compreensão de que o objeto da investigação avaliativa em educação formal depende do nível de escolaridade no seio do qual está sendo utilizada. Nesse contexto, importa ultrapassar as distorções a respeito das notas escolares, dos conceitos de aprovação e reprovação nas séries escolares, assim como dos exames escolares.

A posse habitual dessas compreensões auxiliará o educador a servir-se dos atos avaliativos a favor da aprendizagem dos estudantes, em todas as fases do seu desenvolvimento: da creche à universidade.

Capítulo 7

TIPIFICAÇÃO DA AVALIAÇÃO EM EDUCAÇÃO:
uma questão epistemológica

No cotidiano de nossas escolas, nos discursos e nos escritos a respeito de avaliação praticada no âmbito da educação, encontramos múltiplas adjetivações para esse ato, que têm por base diversos pontos de vista, usualmente externos ao ato de avaliar, e que merecem uma compreensão epistemológica mais precisa.

Encontramos, aqui e acolá, denominações, tais como: avaliação diagnóstica, classificatória, formativa, somativa, processual, contínua, emancipatória, mediadora, dialética e dialógica. De fato, epistemologicamente, essas variadas denominações expressam formas diversas do ato de avaliar ou expressam possíveis formas de uso dos resultados da investigação avaliativa ou ainda pontos de vista filosóficos?

Neste livro, tentaremos colocar esses conceitos no contexto epistemológico de cada um deles, na tentativa de dar precisão à terminologia utilizada na prática da avaliação em educação. Certamente, as denominações adjetivadas para a avaliação, hoje conhecidas e divulgadas, perdurarão em nosso meio cultural, desde que adquiriram *status* em nosso cotidiano. Contudo, vale ter consciência de suas características epistemológicas. Pretendemos, no presente capítulo, alertar o leitor para o contorno epistemológico dessas denominações. Nada mais que isso.

Para prosseguir com essa intenção, importa estarmos cientes de que a tarefa profissional do avaliador é "investigar a qualidade da realidade, revelando-a", encerrando aí a sua função, cabendo ao gestor da ação tomar decisões com base nos resultados dessa prática investigativa, tendo em vista intervenções na ação que administra, com o objetivo de produzir os resultados desejados. Esse é o pano de fundo para as abordagens que se seguem, em compatibilidade com as definições epistemológicas do ato de avaliar, assim como do uso dos seus resultados investigativos, expostas nos capítulos 1 e 2 deste livro.

1. Tipificação da avaliação com base nos momentos da ação

Os autores norte-americanos Daniel Stufflebeam e Benjamin Bloom, pioneiros, entre outros, nas abordagens sobre a fenomenologia da avaliação da aprendizagem, no decorrer dos anos 1960 e 1970, nos Estados Unidos da América do Norte, estabeleceram denominações para a investigação avaliativa com base nos momentos de execução de uma ação. A seguir uma abordagem sobre as denominações atribuídas à avaliação por esses dois pesquisadores.

Daniel Stufflebeam (1936-2017), no final dos anos 1960, tipificou os atos avaliativos em educação como: avaliação de contexto, avaliação de entrada, avaliação de processo e avaliação de produto.

Contexto, entrada, processo e produto são quatro momentos de qualquer projeto de ação, nos quais — ou durante os quais — se poderá e se deverá praticar atos avaliativos. No caso, avalia-se o "contexto" de uma ação tendo em vista poder decidir por um projeto de ação, que responda às necessidades emergentes na determinada circunstância investigada. Avaliam-se as "entradas" — recursos — para a execução do projeto, tendo em vista tomar decisões pelos insumos significativos para atingir os resultados desejados. Avalia-se o "processo", tendo em vista verificar se os resultados sucessivos obtidos no percurso da ação respondem às expectativas dos propositores e gestores do projeto, ou não; em caso negativo, a depender da decisão do gestor da ação, há a possibilidade de corrigir os rumos da ação. Por fim, avalia-se o "produto", tendo em vista verificar se a qualidade do resultado final do projeto responde positivamente ao resultado desejado.

Diante das abordagens epistemológicas que temos realizado nos capítulos anteriores deste livro em torno dos atos avaliativos e frente às denominações praticadas por esse autor, elas ganhariam mais adequação caso utilizássemos o conectivo em sua forma definida — "da", ao invés de sua forma indefinida — "de".

O conectivo na sua *forma definida* indicaria a incidência do ato avaliativo sobre um objeto determinado e específico. Então, as denominações, no contexto desse autor, passariam a ser: "avaliação do contexto", "avaliação das entradas", "avaliação do processo", "avaliação do produto", em vez de "avaliação *de* contexto, "avaliação *de* entrada", "avaliação *de* processo", "avaliação *de* produto". O conectivo "do/a" (definido) indica, no caso, um objeto específico de investigação avaliativa; o conectivo "de" (indefinido), por sua vez, indica um objeto genérico, indefinido, de investigação.

Dessa forma, usando-se o conectivo em sua forma definida, permanece preservado o conceito epistemológico do ato de avaliar, como um ato universal, caracterizado pela investigação em torno de objetos específicos, cujos resultados podem ser usados pelo gestor da ação. Caso contrário, fica a parecer, frente a esse conjunto de denominações, que existem quatro tipos diferentes de atos avaliativos: "avaliação de contexto", "avaliação de entrada", "avaliação de processo" e "avaliação de produto". No entanto, as quatro denominações referem-se somente a quatro objetos diferentes de investigação avaliativa; não a quatro tipos diferentes de práticas avaliativas. Epistemologicamente, investigação avaliativa se expressa com amplitude universal, porém aplicada a objetos específicos, sejam eles quais forem.

Vale observar que, para Stufflebeam, o ato de avaliar tem por objetivo *descrever, obter e proporcionar informações para decisões e ações alternativas*. Ainda que, nessa compreensão, a distinção entre os atos de avaliar e decidir estejam presentes, por estarem tão conectados, ao longo do tempo, ficou a parecer que a tomada de decisão pertence ao ato de avaliar, quando, de fato, a decisão pertence ao gestor da ação, não ao avaliador.

Benjamin Bloom (1913-1999) estabeleceu três denominações adjetivadas para a avaliação, articuladas com três momentos de uma ação: avaliação diagnóstica, avaliação formativa e avaliação somativa.

Para essa tipificação dos atos avaliativos em educação, o autor serviu-se de adjetivos, tendo em vista distinguir e diferenciar supostamente formas diversas e variadas de avaliação. Contudo, vale observar, como nas considerações anteriores a respeito das proposições de Stufflebeam, que as denominações avaliação "diagnóstica", "formativa" e "somativa" *não* constituem formas distintas e diferenciadas do ato de avaliar. Simplesmente indicam *momentos* diferentes de uma ação sobre os quais incidem os atos avaliativos, que, consequentemente, deverão subsidiar decisões do gestor da ação enquanto ela está sendo implantada (contexto), em curso (formativa) ou concluída, resultado final da ação (somativa).

Em Bloom, a "avaliação diagnóstica" é aquela que deve ocorrer antes de uma ação, produzindo uma leitura das qualidades da realidade, a partir da qual se tomariam decisões a respeito de sua implantação, tendo em vista solucionar impasses detectados. A investigação avaliativa, por si, é somente investigação e, como tal, revela as características da realidade. O gestor da ação, este sim usa as revelações sobre qualidade da realidade como base para suas decisões, no caso, para configurar o projeto de ação.

Avaliação "formativa", segundo a denominação usada por Bloom, se dá durante a execução de uma ação, tendo em vista "formar" o resultado final. De fato, os resultados da investigação avaliativa subsidiam o gestor da ação na tomada de novas decisões em busca do resultado planejado. Para ser justo epistemologicamente com o conceito do ato de avaliar, uma melhor denominação para a avaliação praticada nesse momento da ação seria "avaliação dos resultados intermediários", desde que quem conduz a ação para formar o resultado desejado é o gestor da ação, não seu avaliador. A gestão pode ser formativa, a avaliação, não. Ela só revela a qualidade da realidade em sucessivos momentos da ação; quem decide é o seu gestor.

E, finalmente, a avaliação "somativa", que, segundo o autor, está comprometida com a qualidade do produto final da ação, para o qual se investiu durante sua execução, epistemologicamente, deveria denominar-se "avaliação do resultado final", desde que a avaliação incide sobre ele como seu objeto de investigação, todavia, por si, ela não é somativa. O resultado final de uma ação é uma síntese dos investimentos que foram sendo realizados por seu gestor em decorrência de sucessivos atos avaliativos e sucessivas tomadas de decisão. Desse modo, ao invés de denominar avaliação somativa (que supostamente somaria resultados intermediários), a meu ver, deveria denominar-se "avaliação do resultado final", que revelaria a qualidade do resultado ao qual se chegou através da determinada ação.

Em vez de adjetivar os atos avaliativos de diagnóstico, formativo e somativo, seria mais adequado servir-se de denominações descritivas desses referidos atos avaliativos: avaliação do contexto, avaliação dos resultados intermediários e avaliação dos resultados finais da ação.

Observando cuidadosamente, iremos verificar que as tipificações da avaliação, produzidas por Stufflebeam de Bloom, não expressam variadas modalidades de avaliação, mas, sim, expressam os diversos momentos da ação, nos quais o ato avaliativo é praticado investigando os dados da realidade, fator que permite afirmar que as tipificações formuladas por esses pesquisadores a respeito da avaliação, da forma como foram formuladas, não se justificam frente à epistemologia do ato de avaliar.

2. Tipificação da avaliação com base na dimensão do tempo — avaliação processual e avaliação contínua

Além das tipificações, anteriormente apontadas com base no uso dos resultados da investigação avaliativa e nos momentos da ação, temos ainda as denominações "processual" e "contínua" para a avaliação em educação, que tem como base o fluxo do tempo em que ocorre a ação.

Abordando a fenomenologia da avaliação da aprendizagem no cotidiano, assim como em variados documentos oficiais e em documentos pedagógicos de escolas específicas, facilmente nos deparamos com denominações, tais como "avaliação processual" e "avaliação contínua".

Os adjetivos "processual" e "contínuo", acrescidos ao termo "avaliação", representam denominações do ato de avaliar que têm a ver com a ideia de acompanhamento da qualidade dos resultados da ação, assumindo que tanto a "ação" em si, como também os atos avaliativos, para acompanhá-la, são processuais e contínuos.

Contudo, importa observar que o *movimento da realidade* é processual e contínuo, mas o seu *conhecimento* se dá de forma descontínua e sucessiva, desde que este incide sobre segmentos temporais da ação. O conhecimento da realidade é descontínuo, desde que nossa capacidade de conhecer usa o "princípio de identidade" como recurso de abordagem daquilo que ela se apropria cognitivamente, o que significa que conhecemos a realidade em unidades separadas de tempo e não em processo.

Quando usamos a expressão "avaliação processual" estamos a afirmar que a investigação avaliativa se dá de modo constante, modo de agir impossível em nossa forma de conhecer, que implica os princípios aristotélicos de *identidade*, de *negação* e do *terceiro excluído*. O princípio de identidade refere-se ao fato de que "A é A", *aqui e agora*; o princípio da negação diz que "A não pode ser não-A", *aqui e agora*, ou seja, alguma coisa não pode ser a sua negação neste momento e neste lugar; e, por último, o princípio do terceiro excluído que afirma que "Entre A e não-A, não há outra possibilidade", *aqui e agora*.

Dessa forma, nossa prática de conhecer delimita um momento no tempo de um processo, no qual "alguma coisa é ela mesma, nesse momento e nesse lugar". Enquanto o conhecimento se realiza, o tempo e a realidade continuam a se movimentar, desde que, para proceder o ato de investigar, tomamos a realidade em "um momento" seu, tendo em vista desvelá-la. E, no caso, enquanto nos dedicamos à investigação, a realidade continua em seu movimento contínuo. Psiconeurologicamente, o conhecimento não acompanha a realidade em seu movimento incessante.

Essa é a razão pela qual, quando um cientista revela as compreensões que elaborou a respeito de uma realidade investigada, a realidade em torno da qual coletou dados já não existe mais. Por isso, ao apresentar os resultados de sua pesquisa, necessita descrevê-la, desde que, no momento em que apresenta os resultados de sua investigação, resta exclusivamente a possibilidade de descrevê-la da forma como se expressava no momento da pesquisa.

Nosso sistema nervoso funciona de modo intermitente, mapeando o que ocorre no nosso corpo. Um equipamento eletrônico de mapeamento de batidas cárdicas ou de ondas cerebrais também opera de forma contínua; contudo, quando observamos o painel visual das ondas, num determinado momento em que decidirmos descrever aquilo que estamos observando, as ondas que representam os batimentos cardíacos ou as ondas cerebrais, que observamos, já desapareceram. Enquanto estamos a observar um registro no monitor, a realidade já passou e seus dados já não são mais os mesmos. Não conseguimos conceituar aquilo que está em movimento; conseguimos perceber, contudo, conceituar, não. Nossa prática cognitiva exige que isolemos um fragmento da realidade para investigá-lo e, então, deixamos de seguir o fluxo do tempo e da realidade, fato que nos revela que nosso conhecimento não é nem pode ser processual e contínuo.

Esse foi o dilema descrito por Heráclito de Éfeso, um filósofo grego pré-socrático, em torno do século V a.C., ao afirmar que "tudo corre" e "ninguém pode se banhar duas vezes na mesma água do mesmo rio". De forma semelhante ocorre a relação entre movimento da realidade e o seu conhecimento. O movimento é contínuo e o conhecimento é descontínuo; o movimento é processual e o conhecimento sobre ele se dá de forma sucessiva. Compreensão comparável pode ser vista nos entendimentos filosóficos de Henri Bergson que fez distinção entre "duração", de um lado, do "tempo físico", de outro. A "duração" é contínua, por isso não pode ser medida; contudo, o "tempo físico" é descontínuo, podendo ser medido. Importa observar que o "tempo físico", em Bergson, é o tempo medido pelo relógio e ele é segmentado e sucessivo; o relógio mede o tempo de forma fragmentada e nossa capacidade de conhecer conceitualmente segue a fragmentação do tempo de modo semelhante.

Pois bem, o ato de avaliar é um ato de investigar e, pois, de conhecer a qualidade da realidade e, como tal, acompanha o movimento da realidade em fragmentos sucessivos de tempo e não em sua processualidade, por isso, só de forma epistemologicamente, genérica e, certamente, sem precisão conceitual, podemos nos servir das expressões "avaliação processual" e "avaliação contínua", desde que o ato de avaliar não atua à semelhança do movimento da água, em Heráclito, ou à semelhança da "duração", em Bergson. Ao contrário, atua de forma sucessiva.

O ato de avaliar, como ato de investigar e produzir conhecimento da qualidade da realidade, se dá em momentos sucessivos de uma ação, por isso ela não é processual nem contínua, mas sucessiva.

Cada um de nós pode experimentar isso, no cotidiano, observando qualquer fenômeno. Não conseguimos captar cognitivamente o movimento da realidade em si, descrevendo-o, mas sim as manifestações do seu movimento, identificadas de maneira sucessiva por nossa capacidade de conhecer. À medida que nos dedicamos a descrever aquilo que observamos, a realidade continuou a proceder o seu movimento.

Essa diversidade fenomenológica entre o movimento da realidade e o seu conhecimento, através de momentos sucessivos, se expressa em todas as realidades, às quais nos aplicamos cognitivamente, sejam eles conhecimentos de fatos ou conhecimento de valores.

As denominações "avaliação processual" e "avaliação contínua", epistemologicamente, expressam que se está praticando uma investigação da qualidade de alguma coisa que está em movimento no tempo, ou seja, *enquanto ela está ocorrendo*. Uma expressão utilizada de modo habitual em nosso cotidiano, mas sem sustentação epistemológica consistente, desde que nossa capacidade de conhecer e de se expressar conceitualmente opera de modo descontínuo e sucessivo.

Certamente que podemos, como certamente continuaremos a nos servir das adjetivações "processual" e "contínua" para adjetivar a avaliação em educação; adjetivações que têm vínculos com o fluxo do tempo de uma ação. Porém, vale a pena ter clareza que, epistemologicamente, essas adjetivações não expressam aquilo que parecem expressar, ou seja, não temos recursos cognitivos para formular conceitos de uma realidade em "processo" ou "contínua". Nosso sistema nervoso, do ponto de vista do conhecimento conceitual, opera em segmentos sucessivos de tempo, desde que se assenta sobre princípio de identidade, segundo o qual "A", para ser conhecido, necessita ser "A"; caso mude sua configuração com o fluxo do tempo, já não será mais "A" e, por isso, não poderá mais ser conhecido como "A".

Frente a isso, em vez das denominações "avaliação processual" e "avaliação contínua", cremos que seria mais adequado usar uma expressão descritiva, tal, por exemplo, como "avaliação dos resultados de uma ação em momentos sucessivos".

3. Tipificação da avaliação com base no uso dos seus resultados

As denominações adjetivadas como "avaliação classificatória" e "avaliação diagnóstica", utilizadas de forma habitual no presente momento educacional e histórico, epistemologicamente, não têm razão de ser. Os usos diagnóstico, probatório ou seletivo (classificatório) dos resultados da investigação avaliativa não pertencem, epistemologicamente, ao ato de avaliar, mas sim ao uso que se possa fazer dos seus resultados investigativos.

De fato, epistemologicamente, não existe uma "avaliação classificatória". O que existe é um ato de avaliar, que, como investigação da qualidade da realidade, "revela" a qualidade do objeto avaliado, garantindo ao gestor a possibilidade do uso dos seus resultados, no caso, *classificando a realidade avaliada*, seguindo uma determinada escala de qualidades assumida como válida.

Quando ocorre, nas instituições, do avaliador ser um profissional diverso do gestor, o avaliador trabalha investigativamente para "revelar a qualidade da realidade", e o gestor, levando em consideração a qualidade revelada, toma decisões sobre a realidade, sendo que sua classificação é uma das opções possíveis. Nesse contexto de compreensão epistemológica da avaliação, não faz sentido denominá-la de "avaliação classificatória", desde que não é o ato avaliativo, por si, que classifica o seu objeto de investigação. Ele simplesmente revela a qualidade da realidade, porém, o gestor, sim, decide usar os resultados do ato avaliativo para classificar a realidade, como também, a depender da necessidade, estabelecer um ponto de corte para sua aprovação ou reprovação.

Por outro lado, no cotidiano educacional, aqui e acolá, ultimamente, com base nos estudos de Ralph Tyler e de outros, também se utiliza a expressão "avaliação diagnóstica", supostamente designando um tipo específico de prática avaliativa, que seria diverso da "avaliação classificatória", desde que estaria a serviço de decisões do gestor da ação no próprio decurso da ação, tendo em vista garantir que ela chegará aos resultados satisfatórios desejados.

Inclusive, pessoalmente, utilizei largamente essas denominações, colocando a expressão "avaliação diagnóstica" em oposição aos "exames escolares", configurados, desde seus inícios de uso no Ocidente, como classificatórios, parecendo mesmo que "exames escolares" não tinham um efetivo comprometimento com avaliação da aprendizagem, no sentido assumido por Ralph Tyler. Nos livros que publiquei sobre avaliação, sempre me servi dessa oposição, caracterizando os exames escolares como classificatórios e a avaliação com a característica diagnóstica. Contudo, ultimamente, de modo um pouco mais refinado conceitualmente, tenho compreendido que tanto aquilo que os jesuítas, representando o segmento católico, quanto aquilo que Comênio, representando o segmento protestante, no decurso dos séculos XVI e XVII, denominaram de "exames escolares", como aquilo que Ralph Tyler, no decurso da primeira metade do século XX, denominou de "avaliação da aprendizagem" com papel "diagnóstico", tanto um como outro fato têm como seu pano de fundo um ato avaliativo, ou seja, um ato que se destina simplesmente a investigar e, consequentemente, revelar a qualidade da realidade, possibilitando usos diversos dos resultados dessa investigação. Então, ao mesmo tempo, compreendi que "usar classificatoriamente" ou "usar diagnosticamente" os resultados do ato investigativo da qualidade da realidade é uma decisão do gestor da ação.

No caso, o "*uso* classificatório" só pode ocorrer quando a ação já está encerrada, definindo em que lugar da escala de qualidades será alocada — classificada — a determinada realidade, cuja qualidade foi investigada, ao passo que o "*uso* diagnóstico" está assentado sobre a compreensão de que a ação está em execução e, dessa forma, pode vir a apresentar resultados novos e mais satisfatórios, caso o gestor, com base em resultados obtidos pela avaliação, tome sucessivas decisões na perspectiva de construir o resultado desejado.

Assim sendo, de modo próprio e adequado, não existe uma "avaliação classificatória", como também não existe uma "avaliação diagnóstica", como eu e muitos outros acreditamos, mas simplesmente "avaliação", como investigação da qualidade da realidade, cujos resultados subsidiam o gestor a fazer *seu uso* de modo classificatório (seletivo, como vimos registrando nesse livro) ou de modo diagnóstico.

A abordagem acima permite compreender que não é o ato de avaliar que, por si, é classificatório ou diagnóstico. O *ato de avaliar* simplesmente investiga a qualidade da realidade, seja ela qual for; porém, o *uso dos seus resultados investigativos*, este sim, decorre de decisões do gestor do projeto de ação.

Importa observar que, de maneira usual, a decisão de usar os resultados da avaliação de forma diagnóstica ou seletiva está tomada previamente à própria prática da investigação avaliativa, desde que a primeira tem a função de subsidiar a ação e, a segunda, de classificar a ação através de seus resultados, assumindo-a como encerrada.

4. Tipificação da avaliação com base na filosofia da educação que configura o projeto pedagógico

Uma outra variável que tem oferecido base para adjetivações da avaliação na prática educativa tem a ver com a filosofia da educação que configura o projeto de ação pedagógica ou que, por escolha pessoal, orienta a ação do educador individualmente. Para se compreender o que se segue, retomo entendimentos já expostos várias vezes neste livro, contudo, observação necessária no contexto da presente abordagem. Importa estarmos atentos ao fato de que a avaliação se expressa como investigação da qualidade da realidade e o uso dos seus resultados decorre de decisão do gestor da ação.

Como nos casos anteriores, a razão das adjetivações, que se seguem, tem, a meu ver, sua fonte em um fator externo ao conceito e à prática do ato de avaliar, propriamente ditos. Nesse contexto, no Brasil, a avaliação em educação tem recebido denominações, tais como: "avaliação emancipatória" (Ana Maria Saul[1]); "avaliação dialética" (Celso Vasconcelos[2]); "avaliação dialógica" (José Eustáquio Romão[3]); "avaliação mediadora" (Jussara Hoffman[4]).

Esse modelo de adjetivação para o fenômeno da avaliação produz denominações que, por si, não pertencem ao ato de avaliar propriamente dito, mas sim a algo fora dele, no caso, ao projeto pedagógico, que, por si, obrigatoriamente, está comprometido com uma configuração filosófica, que lhe serve de pano de fundo.

Nesse contexto, o projeto pedagógico pode ser emancipatório, dialético, dialógico, mediador ou receber qualquer outra adjetivação filosófica; como também o gestor da ação educativa poderá e deverá assumir uma opção filosófica que oriente sua ação. Afinal, são as filosofias que dão forma aos projetos de ação, assim como ao agir dos seus gestores.

Para ser mais preciso, compreendo que um projeto pedagógico será emancipatório se definido filosoficamente com essa conotação e, se, ao mesmo tempo, for executado com a mesma característica; ocorrendo

---

1. Ana Maria Saul. *Avaliação Emancipatória: desafio à teoria e à prática de avaliação e reformulação de currículo*. São Paulo: Cortez Editora, 1988.

2. Celso dos S. Vasconcelos. *Avaliação: concepção dialética-libertadora do processo de avaliação escolar*. São Paulo: Libertad, 1998.

3. José Eustáquio Romão. *Avaliação dialógica: desafios e perspectivas*. São Paulo: Cortez Editora, 1999.

4. Jussara Hoffman. *Avaliação: mito & desafio — uma perspectiva construtivista*. Porto Alegre: Educação & Realidade Revistas e Livros, Faculdade de Educação/UFRGS, 1991.

situação similar com qualquer outra conotação filosófica, tais como, no caso deste capítulo, emancipatória, dialética, dialógica, mediadora.

Por essa razão, não existiria propriamente uma avaliação em educação emancipatória, dialética, dialógica ou mediadora, mas sim um projeto pedagógico configurado filosoficamente como emancipatório, dialético, dialógico ou mediador, administrado por seu gestor de forma emancipatória, dialética, dialógica ou mediadora. A avaliação, como investigação da qualidade da realidade, simplesmente subsidia o projeto de ação, assim como o seu gestor; evidentemente, caso esse seja o seu desejo.

Essa compreensão do papel da filosofia no projeto pedagógico de uma instituição educativa, como também na ação do seu gestor, a meu ver, não autoriza, epistemologicamente, a atribuição à avaliação de adjetivação equivalente, desde que esta é exclusivamente subsidiária tanto do projeto como do seu gestor.

Em síntese, quem define a direção pedagógica de um projeto de ação educativa é o seu propositor, sedimentado seja em um projeto de ação, seja em seu gestor. A função da avaliação é e será "adverti-los" — propositor e gestor — de que suas decisões e seus atos se encontram produzindo resultados com a qualidade desejada, ou não.

Nesse contexto, compreendo que a avaliação está a serviço de um projeto pedagógico que pode ser emancipatório, dialético, dialógico ou mediador, se, com essa conotação filosófica, tiver decidido o seu propositor como também seu gestor. O avaliador, no caso, será somente um avaliador que, com sua investigação, revela a qualidade da realidade; revelação posta a serviço tanto do propositor da ação como do seu gestor, que podem decidir a respeito dos rumos da ação.

Para bem compreender essa argumentação, basta lembrar que a ciência, como investigação "do que é" e "de como funciona a realidade", também encerra sua função ao revelar "o que é" e "como funciona a realidade". Não cabe adjetivações para a ciência, à medida que se expressa como ciência. Caberá ao gestor das múltiplas ações na vida fazer uso de suas revelações.

Para esclarecer um pouco mais o ponto de vista que estou assumindo a respeito das denominações adjetivadas para a avaliação, sinalizo que, em Karl Marx, encontro, de um lado, o Método Dialético, como recurso de investigação, e, de outro, o Materialismo Dialético, como a doutrina política exposta e defendida por esse autor. O método, que tem como base a consideração de múltiplas determinações da realidade, subsidia a investigação da realidade; a doutrina do Materialismo Histórico oferece orientação teórico-prática a todos aqueles que desejam atuar pela emancipação do ser humano nos múltiplos e variados contextos, em que o modelo do capital deu forma à vida social. Encontro um exemplo da investigação com o uso de Método Dialético na exposição presente no livro *O Dezoito Brumário de Luiz Napoleão*, no qual Marx relata os passos da investigação, assim como as compreensões e conclusões estabelecidas; encontro, por outro lado, uma clara e precisa exposição da doutrina do Materialismo Histórico, por exemplo, entre muitas outras obras desse pesquisador e político, no *Manifesto do Partido Comunista*, de 1848. Os resultados científicos obtidos pelo uso do Método Dialético só se transformarão em doutrina do Materialismo Histórico, se isso for realizado por seus pensadores e gestores. Caso isso não ocorra, a meu ver, as revelações sobre a realidade, produzidas pelo uso do Método Dialético, serão as mais abrangentes e significativas, desde que tiveram presentes as múltiplas determinações da realidade, mas, por si, esse conhecimento não se transforma em Materialismo Dialético. Importa, no caso, *distinguir* Método Dialético e Materialismo Histórico. A investigação com o Método Dialético poderá e deverá estar a serviço do Materialismo Dialético, mas não se confunde com ele.

De modo semelhante, fico a pensar que a investigação no âmbito da avaliação em educação estará a serviço de um projeto pedagógico, que, sim, tem e deve ter uma conotação filosófica e política. Será, no entanto, sempre o projeto pedagógico e o seu executor que receberão as adjetivações decorrentes das variadas doutrinas filosóficas e políticas, não a avaliação. Esta simplesmente investiga e, por isso, subsidia decisões, que, estas sim, serão tomadas com base em variadas orientações filosóficas e políticas, sejam elas emancipatórias, dialético-libertadoras, dialógicas ou mediadoras.

5. Tipificação da avaliação com base no sujeito que a pratica

Existe ainda um outro critério de tipificação das investigações avaliativas, utilizado de maneira bastante comum, que está vinculado *ao sujeito* que pratica a avaliação, cujas denominações são: heteroavaliação, autoavaliação e avaliação através da opinião dos participantes de uma atividade. No caso, essas denominações também decorrem de um fator que está fora da configuração epistemológica do ato de avaliar; elas têm sua origem na designação do sujeito que pratica o ato avaliativo.

A "heteroavaliação", como o termo expressa, é praticada por outro, que não o próprio executor da ação. O heteroavaliador será um profissional que investiga a qualidade do modo de agir de outra pessoa ou de uma instituição. A "autoavaliação" — como a expressão linguística revela — é praticada pelo próprio sujeito da ação sobre os resultados do seu investimento pessoal em alguma atividade ou em um projeto. Como as denominações anteriores, a "avaliação com base na opinião dos participantes de uma atividade" também se tipifica com base no sujeito que pratica a investigação da qualidade da realidade. Os participantes *opinam* — ou atribuem uma qualidade à realidade — com base em suas percepções internas e produzem seus julgamentos, ambos — percepção da realidade e julgamentos — são fenômenos que se processam subjetivamente. Usualmente, as opiniões dos participantes são obtidas a partir de perguntas a serem respondidas ou de formulários a serem preenchidos, contendo perguntas a partir das quais os participantes da atividade deverão opinar.

Tendo por base essas tipificações — heteroavaliação, autoavaliação e avaliação por opinião —, pode-se observar que também essas denominações de práticas avaliativas não estão comprometidas, em si, com o conceito do ato de avaliar, mas sim com os variados sujeitos que praticam o determinado ato avaliativo. Uma adjetivação que tem base externa ao próprio ato de investigar a qualidade da realidade.

Usualmente, em nossas escolas, a *heteroavaliação* é exercida por um avaliador, no caso, por um professor, que é externo à aprendizagem do estudante, o que implica, por parte do avaliador, uma coleta de dados a respeito de sua aprendizagem, através de testes, redações e observação de desempenhos, seguida de sua qualificação pela comparação entre a descritiva do seu desempenho e o padrão de qualidade desejado, estabelecido no Currículo da escola, como também no Plano de Ensino do professor e, ainda, no próprio ensino realizado. Uma investigação avaliativa feita "por outro", que não pelo próprio estudante, daí o prefixo "hetero".

A *autoavaliação* raramente é praticada em nossas escolas, devido ao fato de que sempre está posta a questão da aprovação e reprovação do estudante. Dificilmente um estudante iria reprovar-se, desde que, no modelo de ensino que temos, seu caminhar pelos anos de escolaridade depende de sua aprovação e consequente promoção. Qual a razão, afinal, nessa situação, para reprovar-se? Caso a autoavaliação se desse num ambiente, no qual aquilo que presidisse a ação de avaliar fosse efetivamente o autocuidado, certamente haveria mais justeza nesse processo.

Por último, a avaliação *com base em opinião*, aqui e acolá, é utilizada em nossas escolas, tendo em vista saber como os estudantes estão qualificando a instituição onde estudam, assim como entender o que ocorre dentro dela. Manter a compreensão de que a opinião é subjetiva e, para ajuizar o alcance da validade de uma avaliação opinativa, importa ter presente esse fator.

Para concluir este tópico, vale reafirmar que essas três denominações para a avaliação — heteroavaliação, autoavaliação e avaliação por opinião — também não têm sua base no conceito epistemológico do ato de avaliar, mas sim em uma base externa a ela, propriamente nos sujeitos que praticam a avaliação.

Concluindo

As tipificações, como vimos, não estão, em primeiro lugar, assentadas no conceito epistemológico do ato de avaliar, mas sim: a) nos diversos momentos da ação, b) no fluxo do tempo em que ocorre a ação; c) na filosofia do projeto de ação; d) nos sujeitos que praticam a avaliação.

Vale pensar que nós — em vez de tipificarmos a avaliação como "de contexto", "de entrada", "de processo" e "de produto", em conformidade com Stufflebeam; em "diagnóstica", "formativa" e "somativa", em conformidade com Bloom; ou como "processual" e "contínua", denominações presentes em nossos projetos oficiais de ensino e no cotidiano escolar; ou com as denominações adjetivadas a partir do pano de fundo filosófico dos projetos de ação (emancipatória, dialética, dialógica e mediadora); ou com base no uso dos resultados do ato avaliativo; ou, finalmente, com base nos sujeitos que praticam a avaliação —, deveríamos ter clareza de que nossos atos avaliativos sempre operam com um único algoritmo metodológico, que se resume em planejar a investigação avaliativa, coletar dados da realidade e qualificá-la, tendo por base um padrão de qualidade; encerrando-se aí; fator que nos leva a denominá-la simplesmente de avaliação ou de investigação avaliativa.

Todavia, os usos dos resultados da investigação avaliativa poderiam receber as denominações "diagnóstico", "probatório" e "seletivo", com as quais vimos trabalhando desde o capítulo 2 deste livro, à medida que eles decorrem de decisões do gestor de uma ação e não do seu avaliador. Isso nos conduz também a ter clareza de que as denominações adjetivas, que citamos no decorrer deste capítulo, estão comprometidas com variados critérios, entre os quais não se inclui a compreensão epistemológica do ato de avaliar, desde que o ato de avaliar se encerra em si mesmo.

Dessa forma, podemos tomar consciência de que não existe uma avaliação "de" contexto, "de" entrada, "de" processo, "de" produto, como não existe uma avaliação diagnóstica, formativa, somativa, processual, contínua, emancipatória, dialética, dialógica, mediadora, mas sim gestões de ações formativas, emancipatórias, dialéticas, dialógicas, mediadoras... Assim, tomamos consciência de que quem realiza ações e produz resultados é o gestor da ação, não a avaliação ou o avaliador, como parece ser expresso pelas variadas denominações atribuídas à avaliação, em especial, no meio educacional.

Em síntese, o ato de avaliar é subsidiário de decisões, por isso está sempre "a serviço de", a serviço de quem decide. Ao avaliador cabe investigar e revelar a qualidade da realidade, somente isso. Ao gestor cabe a responsabilidade de usar os resultados do ato avaliativo, servindo-se em suas decisões de um pano de fundo filosófico, como também dos resultados da investigação avaliativa.

Finalmente, não custa relembrar que, no caso do educador em sala de aula, como em muitas situações da vida cotidiana, a avaliação e a gestão da ação podem ser — e, efetivamente, são — praticadas pela mesma pessoa, fator que pode dificultar um pouco compreender que avaliar e gerir são atos necessariamente diversos; daí a necessidade de se ter clareza a respeito das denominações atribuídas à avaliação na prática educativa.

Capítulo 8

AVALIAÇÃO INSTITUCIONAL E DE LARGA ESCALA

Até finais dos anos 1980 e inícios dos anos 1990, na prática educativa no Brasil, de forma predominante, considerávamos, por meio de nosso senso comum, que o estudante individual era o responsável pelo próprio fracasso escolar. Ele era acusado cotidianamente — tanto em nossas salas de aula, como em outros ambientes escolares e em ambientes familiares — de ter interesses diversos daqueles do ensino, fator que o levava a dedicar-se menos, ou mesmo não se dedicar, à aprendizagem efetiva daquilo que lhe era ensinado na escola; afirmava-se que investia pouco em sua aprendizagem, por isso era eventualmente, ou sucessivamente, reprovado; ou, ainda, sob a forma de ameaça, recebia a informação de que "poderia ser reprovado".

Esse modo de pensar, infelizmente, ainda se faz presente em variadas circunstâncias do nosso meio escolar. Faz-se observável em nossas salas de aula, através de falas cotidianas dirigidas aos estudantes, tais como: "Vocês não estão atentos, estão brincando; verão o que acontecerá no dia das provas". Falas que decorrem de hábitos de pensamento, há muito tempo instalados entre nós. Nada pessoal e nada a ser considerado como responsabilidade deste ou daquele personagem, simplesmente hábitos histórico-sociais, comuns em nosso meio social ocidental.

Ouvimos essas falas, ou assemelhadas, ao longo de nossa formação e, agora, profissionais da educação, repetimos as mesmas falas, de modo habitual, garantindo a permanência de um modo de pensar e agir, que tem suas fontes em um modelo social cimentado no passado e no seio do qual vivemos, que se expressa no presente e se projeta para o futuro, caso não assumamos pensar e agir de maneira diferente.

Esse modo de pensar e, consequentemente, de agir só poderá desaparecer, em nosso meio educativo, caso nós, educadores, tomemos em nossas mãos o desejo de ultrapassá-lo e atuemos para criar novos padrões de ajuizamento a respeito de nossos estudantes, assim como do significado abrangente e fundamental de nossa ação pedagógica.

No decurso das duas últimas décadas do século XX, no mundo e no Brasil, começamos a compreender que o sistema de ensino também poderia ser o responsável pelo fracasso escolar, não somente o estudante. Claro, sem suprimir as dificuldades pessoais dos estudantes, as singularidades dos educadores e os impasses das políticas públicas, contudo, também sem impetrar-lhes toda a responsabilidade por essa fenomenologia escolar. Iniciemos por ampliar o nosso olhar para compreender que a educação escolar se dá dentro de um modelo social, situada em uma estrutura social e econômica e de uma organização política e administrativa com características determinadas.

No contexto dessa compreensão mais abrangente, os estudantes deixam e deixarão de ser os únicos responsáveis pelo fracasso escolar. Vagarosamente, iremos compreendendo que as instituições escolares e o sistema de ensino estão postos para ensinar aos seus estudantes e que o resultado de suas respectivas ações deverá ser a aprendizagem satisfatória por parte de todos[1]. Não se pode investir nas instituições e no sistema de ensino para que poucos aprendam. Importa que todos sejam incluídos na aprendizagem satisfatória dos conteúdos e habilidades definidos nos currículos, oficialmente estabelecidos[2].

---

1. Nesse contexto, vale sinalizar que nenhum ser humano e, menos ainda, nenhum profissional, em sã consciência, aposta em um resultado negativo para sua ação. Agimos buscando resultados positivos.

2. Será importante compreender que vivemos dentro de um modelo social caracterizado pela exclusão de grande parte de seus cidadãos, como já sinalizamos em outro momento deste livro. Então, sempre será estranho responsabilizar o estudante individual pelo fracasso escolar, desde que ele não é a causa daquilo que ocorre na escola, mas sim sofre sua ação. Daí a importância de

Então, timidamente, para além da avaliação da aprendizagem — modo próprio de acompanhamento individual de cada estudante —, estamos iniciando a ensaiar, definir e assumir práticas avaliativas que atuem em âmbitos mais abrangentes que exclusivamente em torno do estudante individual. Âmbitos, nos quais, organizacionalmente, os estudantes e as salas de aula estão inseridos, seja nas instituições de ensino (escolas), seja no sistema de ensino como um todo. Então, se desejamos uma educação escolar satisfatória para todos, para além da avaliação da aprendizagem, importa investir na avaliação institucional e na avaliação de larga escala e, evidentemente, servir-nos de seus resultados, também de forma institucional.

Sintetizando, temos três âmbitos de atuação da avaliação em educação, sequenciados em termos de sua abrangência: (1) avaliação da aprendizagem do estudante individual, em torno da qual viemos desenvolvendo abordagens ao longo deste livro; (2) avaliação institucional, que tem como foco de investigação a qualidade do desempenho da instituição escolar; (3) avaliação de larga escala, que engloba verificar a qualidade do desempenho do ensino no país, incluindo estados e municípios, daí também receber a denominação de "avaliação do sistema de ensino".

Como já tratamos largamente da avaliação da aprendizagem, iremos nos dedicar nesse capítulo a algumas sinalizações a respeito da avaliação institucional e de larga escala.

1. Avaliação institucional

A avaliação institucional, por sua vez, possibilita que a instituição de ensino — creche, escola, faculdade, centro universitário, universidade, centro

---

servir-se da avaliação institucional e de larga escala, desde que atuam em instâncias que estão para além do estudante individual, assim como do professor, em termos de abrangência.

de Pós-graduação — esteja sendo avaliada constantemente, cujos resultados devem subsidiar novas e necessárias decisões, tendo em vista garantir que seu desempenho, como instituição, apresente resultados satisfatórios, o que significa que os estudantes, que passam por seus cuidados pedagógicos, aprendem aquilo que necessitam aprender, desde que o destino final de uma instituição de ensino é que seus estudantes aprendam aquilo que está configurado em seus Currículos, o que implica ter as condições materiais, financeiras, organizacionais e profissionais satisfatórias.

Na configuração do objeto da investigação avaliativa institucional, importa definir todas as variáveis que serão levadas em conta na coleta de dados, tendo em vista a produção de uma descritiva adequada da realidade à qual será atribuída uma qualidade, em conformidade com os princípios teóricos da avaliação definidos neste livro.

Uma variável obrigatória nos procedimentos de avaliação de uma instituição refere-se aos resultados de sua atividade-fim. Em uma instituição educativa escolar, essa variável está comprometida com a aprendizagem satisfatória de todos os estudantes nela matriculados, fator que expressa o resultado dos investimentos em sua formação, como também o compromisso com seus familiares e com a sociedade. Essa variável é imprescindível no processo de investigação da qualidade da instituição, desde que se refere aos resultados de sua ação.

Outras variáveis deverão ser definidas, nesse processo de avaliação institucional, em especial aquelas que se articulam para garantir resultados positivos no que se refere à sua atividade-fim, tais como espaço físico, mobiliário, recursos profissionais da área pedagógica e do ensino, recursos disponíveis para o ensino, organização funcional da instituição, entre muitas outras variáveis possíveis.

A avaliação institucional tem por base os resultados-fim de sua ação: a aprendizagem por parte dos seus estudantes; e, a seguir, a verificação de todos os possíveis fatores intervenientes nos procedimentos de ensino dessa instituição, desde que eles foram e/ou são os responsáveis pela implementação de ações e conquista dos resultados desejados. Os recursos serão considerados satisfatórios à medida que subsidiem a efetiva produção dos resultados-fim desejados.

A coleta de dados deverá ocorrer pela seleção, elaboração e pelo uso de instrumentos de investigação adequados às variáveis estabelecidas: testes, questionários, relatórios, dados estatísticos da instituição, regimentos, modelos organizativos... Afinal, a coleta de dados deverá atender às variáveis definidas como aquelas que efetivamente subsidiarão uma satisfatória descritiva do objeto da investigação, que é a base para o processamento do ato avaliativo propriamente dito, que implica na comparação da realidade descrita com o padrão de qualidade desejado, em conformidade com os passos metodológicos da investigação avaliativa, exposto no capítulo 1 deste livro — "O ato de avaliar: epistemologia e método". Esse padrão de qualidade tem a ver com as finalidades da instituição, mas também com os padrões sociais esperados e desejados do seu desempenho.

Em síntese, a instituição de ensino necessita ser investigada, do ponto de vista da avaliação, de modo permanente, subsidiando decisões de seus gestores, tendo em vista assegurar a qualidade positiva da ação institucional e garantir o cumprimento da finalidade última de sua ação, que é a formação satisfatória de todos os seus estudantes.

O Índice de Desenvolvimento da Educação Básica (Ideb), estabelecido no ano de 2007, tem por objetivo investigar e tornar público o resultado de cada instituição de ensino no país, abrangendo também a investigação dos resultados do sistema nacional de ensino, como um todo, sob a ótica da "avaliação de larga escala", tema que será abordado no próximo tópico do presente capítulo. O Ideb atua, pois, na investigação avaliativa das duas instâncias da educação nacional — instituição escolar e sistema de ensino. A investigação avaliativa do Ideb é realizada a cada dois anos e o seu resultado é apresentado numa escala que vai de zero a dez. A meta do governo federal é que a nota média da educação no Brasil seja igual ou superior a 6, até 2022. Para uma escola ser considerada de bom nível, ela precisa ter uma nota igual ou maior que a estabelecida como padrão.

No Portal do Ministério da Educação, a respeito do Ideb, diz-se:

> Ideb é o Índice de Desenvolvimento da Educação Básica, criado em 2007, pelo Instituto Nacional de Estudos e Pesquisas Educacionais Anísio Teixeira (Inep), formulado para medir a qualidade do aprendizado nacional e estabelecer metas para a melhoria do ensino.
>
> O Ideb funciona como um indicador nacional que possibilita o monitoramento da qualidade da Educação pela população por meio de dados concretos, com o qual a sociedade pode se mobilizar em busca de melhorias. Para tanto, o Ideb é calculado a partir de dois componentes: a taxa de rendimento escolar (aprovação) e as médias de desempenho nos exames aplicados pelo Inep. Os índices de aprovação são obtidos a partir do Censo Escolar, realizado anualmente. (...)[3].

No geral, em nossas escolas, tomadas institucionalmente, ainda não existe uma tradição de investigação avaliativa sobre si mesmas. Uma prática necessária, mas ainda sem tradição em nossas instituições escolares, tomadas individualmente. Por enquanto, nesses últimos tempos, o Ideb tem suprido essa carência, quando seu foco está voltado para a instituição escolar.

2. Avaliação de larga escala

A avaliação do sistema de ensino é constituída pela investigação da qualidade do desempenho de todos os componentes educativos

---

3. Dados obtidos em: <http://portal.mec.gov.br/conheca-o-ideb>. Acesso em: 31 maio 2018.

formais do país, que, em uma visão ascendente, investiga a qualidade do resultado do desempenho dos professores em sala de aula, a seguir, aborda a qualidade do desempenho das escolas e, subsequentemente, aborda o desempenho da organização municipal, estadual e federal do ensino; evidentemente, incluindo as escolas particulares dos diversos níveis de ensino; numa visão descendente, essa estrutura segue do mais para o menos amplo. A avaliação de larga escala inclui em seu foco investigativo o sistema de ensino nacional, incluindo todas as suas partes.

No que se refere ao Ensino Básico no país, em 1988, foi criado o Sistema de Avaliação do Ensino Básico (Saeb), cuja primeira prática investigativa da qualidade do Sistema Nacional de Ensino deu-se em 1990, tendo sofrido ajustes com a Prova Brasil, no ano de 2005. As práticas avaliativas do Ideb ocorrem de dois em dois anos.

Segundo o Portal do Inep[4]:

> Em 2005, o Saeb passou a ser composto por duas avaliações: a Avaliação Nacional da Educação Básica (Aneb), que manteve as características, os objetivos e os procedimentos da avaliação efetuada até aquele momento pelo Saeb, e a Avaliação Nacional do Rendimento Escolar (Anresc), conhecida como Prova Brasil, criada com o objetivo de avaliar a qualidade do ensino ministrado nas escolas das redes públicas. Em 2013, a Avaliação Nacional da Alfabetização (ANA) foi incorporada ao Saeb para melhor aferir os níveis de alfabetização e letramento em Língua Portuguesa (leitura e escrita) e Matemática.

> Hoje o Saeb é composto pelas três avaliações externas em larga escala. Pela Aneb, que é uma avaliação bianual que abrange, de forma amostral, escolas e alunos das redes públicas e privadas do País, em áreas urbanas

---

4. Informações obtidas no Portal do Inep, disponível em: <http://download.inep.gov.br/educacao_basica/saeb/2017/documentos/projeto_basico_SAEB_2017_V6.pdf>. Acesso em: 11 jun. 2018

e rurais, matriculados na 4ª série (5º ano) e 8ª série (9º ano) do Ensino Fundamental e no 3º ano do Ensino Médio regular. Essa prova mantém as características, os objetivos e os procedimentos da avaliação da educação básica efetuada até 2005 pelo Saeb, tendo como foco avaliar a qualidade, a equidade e a eficiência da educação básica brasileira. Os resultados do país são apresentados por regiões geográficas e unidades da federação.

Pela Anresc (também denominada Prova Brasil). A Avaliação Nacional do Rendimento Escolar — Prova Brasil é uma avaliação censitária bianual envolvendo os alunos da 4ª série (5º ano) e 8ª série (9º ano) do Ensino Fundamental das escolas públicas que possuem, no mínimo, 20 alunos matriculados nas séries/anos avaliados. Seu objetivo principal é mensurar a qualidade do ensino ministrado nas escolas das redes públicas, fornecendo resultados para cada unidade escolar participante bem como para as redes de ensino em geral. Apresenta, ainda, indicadores contextuais sobre as condições extra e intraescolares em que ocorre o trabalho da escola.

Pela ANA — A Avaliação Nacional da Alfabetização — que pratica uma avaliação censitária envolvendo os alunos do 3º ano do Ensino Fundamental das escolas públicas, com o objetivo principal de avaliar os níveis de alfabetização e letramento em Língua Portuguesa, alfabetização Matemática e condições de oferta do Ciclo de Alfabetização das redes públicas. A ANA foi incorporada ao Saeb pela Portaria n. 482, de 7 de junho de 2013.

Ainda no que se refere ao âmbito do Ensino Básico, em 1998, foi implantado o Exame Nacional do Ensino Médio (Enem), cuja expressão atual decorre do denominado "novo Enem", conforme configurações ocorridas no ano de 2009, que, ao lado da avaliação do sistema do

Ensino Médio no país, somou-se a função de recurso de seleção para ingresso no Ensino Superior, em substituição ao vestibular, que, por muitos anos, cumprira, de modo exclusivo, a função de selecionar estudantes para o Ensino universitário.

O Enem nasceu com o objetivo de avaliar anualmente o aprendizado dos alunos do Ensino Médio em todo o país, tendo em vista investimentos em sua melhoria, também se desejava que essa avaliação exercesse influências em mudanças nos currículos desse nível de ensino.

Contudo, para além da avaliação do Ensino Médio, sob a visão de larga escala, em 2009, o Enem iniciou a ser utilizado também como modalidade de acesso ao Ensino Superior. O "novo Enem" passou a ter a função de substituir e unificar o concurso vestibular para acesso às universidades federais brasileiras. Esse procedimento se deu através do Sistema de Seleção Unificada (SiSU), permitindo que os interessados pudessem se inscrever para as vagas disponíveis nas universidades brasileiras participantes do sistema. Além disso, o exame passou a servir como certificação de conclusão do Ensino Médio em cursos do EJA, antigo supletivo, substituindo o Exame Nacional para Certificação de Competências de Jovens e Adultos (Encceja).

Então, importa estar ciente de que o Enem acumula duas funções: (1) avaliar o Ensino Médio sob a ótica do "sistema de ensino", ou seja, de larga escala; (2) selecionar candidatos para o Ensino Superior.

O Índice de Desenvolvimento da Educação Básica (Ideb), já abordado no tópico anterior deste capítulo versando sobre a avaliação institucional, abrange também a avaliação de larga escala ao estabelecer um quadro geral da qualidade do Ensino Básico no país, abordando, Estados, Municípios, instituições de ensino, de forma individual ou por aglomerados. É praticado bianualmente no país.

Segundo o Portal do Inep[5]:

O Índice de Desenvolvimento da Educação Básica (Ideb) foi criado em 2007 e reúne, em um só indicador, os resultados de dois conceitos igualmente importantes para a qualidade da educação: o fluxo escolar e as médias de desempenho nas avaliações.
(...)
O Ideb também é importante por ser condutor de política pública em prol da qualidade da educação. É a ferramenta para acompanhamento das metas de qualidade do Plano de Desenvolvimento da Educação (PDE) para a educação básica, que tem estabelecido, como meta, que em 2022 o Ideb do Brasil seja 6,0 — média que corresponde a um sistema educacional de qualidade comparável a dos países desenvolvidos.

No que se refere ao Ensino Superior, ocorreram algumas decisões históricas, que merecem ser registradas. Em 1982, a Associação Nacional dos Docentes do Ensino Superior (Andes) propôs a avaliação institucional, como um recurso subsidiário da melhoria do desempenho de cada instituição. Em 1983, o MEC instituiu o Programa de Avaliação da Reforma Universitária (Paru), em decorrência do disposto na Lei da Reforma Universitária, de 1968. Em 1993, foi criado o Programa de Avaliação Institucional da Universidade Brasileira (PAIUB).

Tivemos ainda, nesse âmbito de ensino, o Exame Nacional de Curso (ENC), criado e implantado em 1996, com a função de avaliar os cursos de graduação do Ensino Superior no país como um todo. Após oito edições realizadas entre os anos de 1996 e 2003, em 2004, o Exame Nacional de Curso (ENC) foi substituído pelo Exame Nacional de Desempenho dos Estudantes (Enade), juntamente com a implantação

---

5. Informações transcritas do site: <http://portal.inep.gov.br/ideb>. Acesso em: 1º jun. 2018.

do Sistema Nacional de Avaliação do Ensino Superior (Sinaes)[6], que compreende a avaliação das instituições, dos cursos e do desempenho dos estudantes. Nesse caso, são avaliados todos os aspectos que giram em torno dos três eixos — o ensino, a pesquisa, a extensão —, como também a responsabilidade social da instituição, o desempenho dos alunos, a gestão da instituição, o corpo docente e as instalações[7].

O panorama relativo aos acontecimentos e datas da implantação de atividades de avaliação de larga escala revela que nosso país deixou de crer, ao menos institucionalmente, no fato de que os estudantes, individualmente, eram os únicos responsáveis pelo fracasso escolar no país. O foco de compreensão dos fatores intervenientes no sucesso ou fracasso do ensino se ampliou pela admissão de que múltiplos fatores se fazem presentes, além da boa ou má vontade do estudante e de suas capacidades individuais. A instituição escolar e o sistema de ensino passam, para além dos estudantes, a assumir responsabilidades pelo sucesso ou fracasso escolar. Isso implica que a própria instituição e o próprio sistema necessitam estar atentos a si mesmos, caso se tenha o desejo de uma prática educativa que produza efeitos positivos no e para o país.

O sistema pode fracassar e, por muitas vezes, efetivamente fracassa. Se se deseja uma efetividade satisfatória nos resultados no seio do sistema de ensino, há que se utilizar os dados da avaliação para viabilizar os investimentos necessários e adequados para que resultados, cada vez mais satisfatórios, possam ser alcançados.

Afinal, o ato avaliativo, como reiteradamente temos afirmado neste livro, é parceiro do gestor da ação, revelando-lhe a qualidade dos

---

6. Portal do MEC, disponível em: <http://portal.mec.gov.br/arquivos/pdf/PORTARIA_2051.pdf>. Acesso em: 1 jun. 2018

7. Vale ver o texto "O Sinaes em seu processo de implementação: desafios e perspectivas", Sérgio Roberto Kieling Franco, disponível em: <https://portalseer.ufba.br/index.php/entreideias/article/viewFile/6392/4852>. Acesso em: 1º jun. 2018.

resultados da ação que administra; se positivos, ótimo; se negativos — e, se se deseja melhores resultados —, importa investir mais e mais. A avaliação tem o exclusivo papel de revelar a qualidade da realidade; cabe ao gestor da ação tomar decisões[8].

O país necessita cuidar da educação em todas as suas instâncias, desde as políticas públicas, passando pelas divisões territoriais e suas administrações, pelos órgãos estabelecidos, pelos projetos e pelos financiamentos, chegando à sala de aula e aos estudantes.

Importa observar que a avaliação de larga escala se inicia em cada *turma de estudantes*, atendida pelos professores nas milhares e milhares de salas de aula distribuídas por esse imenso país, e deve chegar aos componentes mais abrangentes da macroestrutura do sistema de ensino no país. Fator que implica que as revelações efetuadas pela avaliação de larga escala envolvem a todos nós: educadores em sala de aula, gestores das instituições escolares e administradores públicos nos municípios, estados e na federação. Todos necessitamos estar atentos às qualidades positivas e negativas do sistema de ensino.

Nesse sentido, vale uma sinalização para nós educadores que atuamos nas salas de aula de nossas escolas. Não basta avaliar só a aprendizagem individual de cada estudante. Isso é essencial, mas será pouco para percebermos aquilo que está ocorrendo com nossos estudantes, se, de imediato, não olharmos para o desempenho *da turma* de estudantes, como um todo. A sala de aula, nesse caso, passa a ter um corpo organizacional, que

---

8. A reiterada repetição dessa afirmação — "cabe ao gestor decidir" — não tem a ver com o fato de que o autor deste livro já se esqueceu de que já postou essa compreensão em páginas anteriores, mas sim com o desejo de que o leitor introjete essa informação em suas compreensões e em suas ações cotidianas, desde que o mais comum entre nós, educadores, é nos servirmos da avaliação em educação exclusivamente para aprovar/reprovar estudantes na vida escolar. No entanto, sua abrangência é muito mais ampla, podendo subsidiar decisões amplas na instituição escolar ou no sistema de ensino, que possibilitem ultrapassarmos a estarrecedora exclusão social, via a escola, estudada no capítulo 4 deste livro — "Avaliação da aprendizagem e democratização social".

se expressa através de seu desempenho, isto é, permite observar *quantos estudantes aprenderam* e *quantos não aprenderam*, fator que permite avaliar a atuação do professor junto à referida turma e à escola. Afinal, um portal para a ampla abrangência da avaliação de larga escala.

Para compreender essa afirmação, tomemos como referência uma turma com 40 estudantes, onde 10 deles, numa escala de qualificações representada, por exemplo, por notas que variam de 0 (zero) a 10,0 (dez), obtêm a qualificação expressa pela nota 7,0, ou superior a esse registro de qualificação; e os outros 30 estudantes obtêm qualificações abaixo de 7,0, chegando até o 0 (zero); esses dados revelam que há alguma coisa que não está bem no ensino e na aprendizagem dessa turma, à medida que esse dado expressa que a maior parte dos seus componentes não atingiu a qualidade mínima necessária na aprendizagem relativa ao conteúdo ensinado.

Nesse contexto, já não estaremos com o foco de atenção voltado exclusivamente para a aprendizagem de cada estudante, individualmente tomado, mas sim para o coletivo da turma. A turma de estudantes, no caso, está para além daqueles que individualmente aprenderam, como também daqueles que individualmente não aprenderam, englobando-os num todo mais complexo, configuração que permite obter a qualidade do desempenho da turma e não mais deste ou daquele estudante.

Então, na circunstância descrita, 30 componentes da turma apresentam aprendizagem insatisfatória, o que equivale a 75% deles; expressão estatística que revela que essa determinada realidade está sendo considerada sob a ótica do sistema de ensino e não mais sob a ótica do aprendiz individual.

Na situação descrita, se o mínimo necessário é que *todos* obtenham a qualidade representada pela nota 7,0 (sete), a decisão decorrente da qualidade insatisfatória revelada, tendo em vista saneá-la, é investir *para que todos* cheguem ao patamar desejado de aprendizagem. Se esse é o mínimo necessário, todos devem chegar a esse patamar e, para tanto, haverá necessidade de muitos investimentos, sejam eles financeiros ou pedagógicos; contudo, nessa instância educativa, de modo especial, pedagógicos.

A prática da avaliação do desempenho de uma turma de estudantes está para além da avaliação da aprendizagem individual de cada um deles, marcando, dessa forma, o início da avaliação de larga escala, o que coloca a questão de que, junto com o estudante individual que fracassa, o sistema fracassa, à medida que ele é o responsável pela produção de efeitos significativos na educação, no caso, escolar.

O educador, em sala de aula, atendendo aos estudantes de sua turma como um todo, do ponto de vista ascendente, é o primeiro elo do sistema de ensino e, na direção descendente, ele é o seu último elo.

Turmas de estudantes, reunidas sob a égide de uma instituição escolar, formam uma escola (instituição escolar); as escolas reunidas formam os sistemas de ensino, sejam eles municipais, estaduais ou federais. Todos esses componentes juntos constituem o sistema nacional de ensino.

Importa que todos e cada um dos componentes do sistema de ensino apresentem desempenho satisfatório e esse só pode ser conhecido quando se leva em conta, conjuntamente, o todo e as suas partes constituintes, ou, se se preferir, as partes constituintes integradas, formando o todo.

Também a investigação avaliativa em larga escala, atingindo todos os componentes do sistema nacional de ensino, tem a função de subsidiar os diversos e variados gestores das instâncias responsáveis pela educação no país a tomar decisões, as mais justas e as mais adequadas, a fim de que todos os cidadãos possam efetivamente ter acesso à escolaridade com qualidade satisfatória e, desse modo, formar-se para o exercício da cidadania.

Concluindo

Todas as formas de avaliação — da aprendizagem, institucional e de larga escala — são fundamentais para a administração satisfatória da educação no país. A *avaliação da aprendizagem* nos permite acompanhar nossos estudantes individualmente em suas aprendizagens, carências e necessidades de ajuda em seu percurso de desenvolvimento e formação; *a avaliação institucional* é a aliada dos gestores das instituições de ensino — estejam elas no âmbito da Educação Infantil, da EJA, do Ensino Fundamental, Ensino Médio, Ensino Superior — na busca da efetividade de sua ação, seja no atendimento aos estudantes, seja também na elevação sociocultural da comunidade onde está situada; e, por fim, *a avaliação de larga escala* retrata a qualidade do desempenho do país, como um todo e em suas partes constitutivas, no que se refere à qualidade do ensino e à sua efetividade, e subsidia os gestores federais, estaduais e municipais, assim como educadores em sala de aula, a estarem atentos à efetividade da educação nacional.

Esses três níveis de avaliação — aprendizagem, institucional, de larga escala ou de sistema — são necessários, até mesmo imprescindíveis, para que, de um lado, olhemos para nossos estudantes e, de outro, para as instituições de ensino e para o sistema de ensino, como um todo, englobando toda a estrutura organizacional da educação no país. Se se deseja qualidade positiva, não há como fugir desses atos avaliativos, pois eles nos dizem se os resultados de nossa ação — seja como profissionais individuais, seja como instituição ou sistema de ensino — já são satisfatórios ou se exigem mais e mais investimentos, sejam eles relativos à área financeira, institucional ou da aprendizagem individual dos estudantes.

Capítulo 9

PARA ALÉM DE TODAS AS COMPREENSÕES TEÓRICAS:
o educador e o estudante

O educador em sala de aula é figura central no sistema de ensino, ainda que, numa escala descendente, ele seja o seu último componente; após ele somente o estudante, que representa o componente único do sistema aprendente. Ele tem papel central devido ao fato de que é ele quem realiza a mediação entre todos os componentes do sistema de ensino e o estudante. A aprendizagem e o desenvolvimento do estudante, resultados efetivos da educação formal, dependem de sua atuação profissional.

Sem o educador e o estudante em sala de aula, não existirá escola. Poderemos ter os mais belos e funcionais prédios, os mais sofisticados recursos de comunicação, os mais treinados e competentes profissionais administrativos, contudo, sem esses dois personagens, a escola não será escola. O mesmo ocorrerá com a escola, com professores, porém, sem estudantes, ou, com estudantes, mas sem professores. Então, para além de todas as compreensões teóricas, o educador e o estudante.

1. O educador

Para atuar em sala de aula, importa que o educador assuma algumas posturas. Necessita ir para a sala de aula e relacionar-se com seus estudantes, despido de todo e qualquer preconceito, com o objetivo claro de que vai ensinar e todos os estudantes, sob seus cuidados pedagógicos, irão aprender. Preconceito tem a ver com *pré-conceito*, isto é, conceito formulado previamente, seja ele qual for.

Sem a clareza e a posse desse objetivo, o mais comum entre todos nós, educadores escolares, é nos dirigirmos para a sala de aula, ou para nossos estudantes, com a certeza de que "somente alguns aprenderão", supostamente "os mais hábeis"; outros... certamente... serão reprovados. Esse senso comum não oferece ao professor suporte, tanto ideológico quanto pedagógico, tendo em vista trabalhar *com todos* e *para todos* os estudantes sob sua responsabilidade.

Já relatei em múltiplas ocasiões, nas palestras que fiz para variados públicos, que fui uma criança multirrepetente e que saí dessa situação, em torno dos treze anos de idade, devido a um professor de Língua Portuguesa ter dito a mim e a outros colegas de infortúnio que, "se fôssemos bem ensinados, aprenderíamos". E acrescentou que iria cuidar de todos nós. Desse dia em diante, deixei de ser repetente em qualquer atividade cognitiva das quais tenha participado. Creio que meus pares de infortúnio também. Meu bom professor de Língua Portuguesa, em seus cuidados pedagógicos com todos nós, os repetentes, praticou as posturas que exponho a seguir, assim como os passos do ensinar-aprender, que serão sinalizados mais à frente, neste capítulo.

Ensinar, antes de tudo, significa ter certeza de que somos capazes de ensinar e que, em consequência de nossa ação pedagógica eficiente, nossos estudantes aprenderão aquilo que ensinarmos. Então, qual seria a razão para as não-aprendizagens e as reprovações? Dificuldades existirão, certamente. Então, cabe a pergunta: "Afinal, em qual ação humana não nos deparamos com dificuldades?". Se desejamos sucesso em nossa ação, importa buscar soluções para ultrapassá-las. Nessa circunstância, nossa postura fundamental, como professores, será: "Meus estudantes aprenderão, desde que eu invista efetivamente em sua aprendizagem através de um ensino cuidadoso".

Com essa postura como pano de fundo de nossa ação como educadores, entendemos que os atos do educador em sala de aula, em qualquer um dos níveis de ensino, devem seguir as posturas de acolher, nutrir, sustentar e confrontar os estudantes. Na sequência, expomos a compreensão de cada uma dessas atitudes e, subsequentemente, os passos didáticos para ensinar e aprender.

Primeiro papel essencial do educador no ato de ensinar — acolher o estudante —

O ponto de partida do ato de ensinar é o acolhimento do estudante, o que significa que o educador está disponível para receber, de coração aberto, todos os estudantes com as qualidades com as quais chegam à sala de aula. Altos, baixos, dos centros urbanos, das periferias, com traços nativos, europeus, africanos, orientais, portadores de determinados pré-requisitos cognitivos e socioculturais, ou carentes deles. Não poderá haver escolhas, eles simplesmente chegam... Enfim, "acolher o estudante" significa recebê-lo da forma como ele chega à turma com a qual iremos atuar ou com a qual estamos trabalhando.

Os estudantes que chegam a nossas salas de aula vieram para aprender com cada um de nós, são aqueles aos quais daremos suporte para que aprendam os variados conteúdos escolares e acadêmicos que ensinaremos, seguindo os passos metodológicos do ensinar e aprender, dos quais trataremos mais à frente. Eles aprenderão, se, de início e sempre, os acolhermos e, se, no cotidiano de nossa ação pedagógica, estivermos atentos à sua aprendizagem.

Acolher os estudantes com as condições com as quais eles chegam à nossa sala de aula é o ponto de partida do ensino-aprendizagem. Sem o acolhimento inicial e subsequente, não haverá ponto de partida nem condições subsequentes para o ensino-aprendizagem. Só se pode atuar junto a pessoas, assim como a objetos em geral, se os acolhermos na condição em que se encontram. Como profissionais da educação formal, não temos outro ponto de partida senão o acolhimento do estudante da forma e do modo como ele chega. O ponto de partida, no caso, não tem a ver com escolhas possíveis de nossa parte, mas sim com acolhimento. Todo ser humano, inclusive cada um de nós, para aprender, necessita ser acolhido. Sem esse ponto de partida, só existem incômodos.

Segundo papel essencial do educador no ato de ensinar — nutrir cognitiva e emocionalmente —

Para haver aprendizagem, importa nutrir os estudantes. Nutrir, aqui, significa oferecer aos nossos estudantes a melhor exposição dos novos conteúdos e a mais consistente administração dos passos do ensinar-aprender, assim como subsidiar as aprendizagens relativas às relações interpessoais e ao meio ambiente onde vivem.

Muitos poderão expressar: "Mas, eles não aprendem". Como não aprendem se são neurologicamente saudáveis? Necessitam, sim, de ajuda, de suporte, de nutrição paciente e permanente, de parceria no caminhar pela aprendizagem. Então, aprenderão.

O educador necessita ser o adulto da relação pedagógica, que decidiu ser parceiro do estudante em sua caminhada pela senda da aprendizagem. O professor iniciou sua caminhada antes, por isso importa que use seus conhecimentos, suas habilidades e seus modos emocionais de agir, tendo em vista facilitar a aprendizagem dos estudantes a ele adjudicados.

O mais comum, no lugar de professor, é repetir aquilo que aconteceu com cada um de nós no nosso caminhar escolar e acadêmico: recebemos bronca, damos bronca; fomos castigados, castigamos; fomos reprovados, reprovamos...

Nenhuma dessas reproduções nos subsidiará a oferecer suporte aos estudantes, para os quais estaremos oferecendo nossa atividade de ensinar, a fim de que efetivamente aprendam. Importará, sim, paciente e profissionalmente, assumir que os estudantes, que estão à nossa frente em nossas salas de aula, podem aprender e efetivamente aprenderão através de nossos cuidados pedagógicos. Minha história pessoal com as repetências sucessivas, relembrada anteriormente, fica como um lembrete a mim e a todos nós, professores, de que "nossos estudantes aprenderão se forem bem ensinados".

Terceiro papel essencial do educador no ato de ensinar — sustentar a experiência de aprender —

Isso significa, metodologicamente, acompanhar o estudante no seu processo de aprender o conteúdo com o qual estamos trabalhando no ensino, realimentando-o todas as vezes que isso for necessário.

Certamente não será somente com uma exclusiva exposição que o estudante aprenderá aquilo que estivermos ensinando. Não aconteceu comigo, nem com o leitor deste capítulo, a experiência de receber a exposição de um novo conteúdo e, de imediato, assimilá-lo, tomando posse dele e adquirindo as habilidades dele decorrentes.

Em nossas vidas, tivemos necessidade de ajuda e suporte para aprender. Nossos estudantes também terão necessidade de ajuda e de suporte, tendo em vista sua aprendizagem, que se processa ativamente. Isso demanda sustentação, o que quer dizer garantia de um tempo para os exercícios, assim como orientações e reorientações constantes.

Facilmente, podemos argumentar que os conteúdos a serem ensinados são muitos e que o tempo para ensinar é insuficiente. No caso, importa que nós, professores, no período anual de planejamento do ensino nas escolas onde atuamos, utilizemos essa oportunidade para efetivamente planejar o ensino a ser realizado durante o ano letivo, o que implica a seleção dos conteúdos fundamentais a serem ensinados e aprendidos, fator que exige de cada um de nós a constatação e decisão a respeito da necessidade, ou não, de todos os conteúdos arrolados, seja nos currículos oficiais, seja no Projeto de nossa escola, seja no livro didático que adotamos (ou que a escola, onde atuamos, adota). Importa, sempre, cotejar as propostas com a realidade com a qual estaremos atuando; sem senso de realidade, não há possibilidade de eficiência.

Por vezes, existem conteúdos que não são essenciais e que podem ser dispensados, fator que possibilita um tempo mais satisfatório para trabalhar com os conteúdos considerados fundamentais. Claro, a função de nos dedicarmos ao planejamento do ensino implica o estabelecimento de recursos eficientes para o ensinar e o aprender, mas também a seleção dos conteúdos essenciais e necessários para o nível de ensino, com o qual estamos atuando.

Quarto papel essencial do educador no ato de ensinar — confrontar —

Confrontar não significa conflituar. Significa, sim, observar a ação de aprender dos nossos estudantes, com os consequentes resultados alcançados e, então, se necessário, reorientar a aprendizagem que ainda não fora atingida. Nesse contexto, atuam os atos avaliativos que devem revelar ao educador, gestor da sala de aula, os resultados de sua ação de ensinar, que, por sua vez, possibilitarão novas decisões, tendo em vista garantir que todos os estudantes atinjam sua aprendizagem satisfatória em relação aos conteúdos ensinados. Caso o estudante tenha aprendido aquilo que fora ensinado, ótimo, seguimos em frente; em caso negativo, importa novos investimentos a fim de que todos efetivamente aprendam. E, certamente aprenderão caso cuidados sejam mantidos.

Ninguém aprende sozinho, mas sempre com o suporte do outro. Cotidianamente nos servimos das falas e recomendações dos outros, de suas observações, de seus ensinamentos, através dos livros, dos meios variados de comunicação, tais como TV, rádio, documentários, filmes...

Contudo, no espaço escolar de ensino — sala de aula —, esses recursos subsidiarão somente a chegada desses conteúdos até os estudantes. A ação pedagógica subsequente implicará em subsidiar os estudantes a compreender/assimilar o novo conteúdo, a exercitá-lo, aplicá-lo, sintetizá-lo e re-criá-lo, como veremos mais à frente neste texto. Afinal, nossa tarefa é subsidiar os estudantes a tornarem seu o novo conteúdo abordado.

Um professor cuidadoso com a aprendizagem dos seus estudantes sempre encontrará um meio de oferecer suporte aos seus aprendizes, a fim de que crie suas compreensões e habilidades. Para isso, importa desejar e investir no desejo. Confrontar, nesse contexto, significa: "Não aprendeu ainda? Vem cá que lhe ensino de novo.".

Em síntese, ensinar eficientemente implica em cuidados permanentes do profissional de educação com os seus estudantes, servindo-se, para tanto, de recursos teórico-práticos disponíveis. A sequência dos papéis essenciais do professor — acolher, nutrir, sustentar e confrontar — expressam os sucessivos cuidados que um educador necessita praticar, tendo em vista garantir a aprendizagem dos seus estudantes. Sustentar afetivamente esses quatro cuidados está para além das teorias, refere-se à conduta do educador em sua relação com os estudantes.

2. Ensinar e aprender

O objetivo da escola é ensinar "para que os estudantes efetivamente aprendam" e, dentro da escola, o papel do professor é proceder essa mediação de tal forma que todos os seus estudantes aprendam. Essa compreensão está compatível com o fato de que todas as atividades humanas, em princípio, destinam-se a produzir resultados positivos desejados.

Ninguém de nós, em princípio, age apostando no insucesso de nossa ação. Expressando essa compreensão de outra forma: "em sã consciência, não definimos resultados negativos como metas para nossa ação".

Os resultados propostos e desejados da ação pedagógica, nas salas de aula de nossas escolas, referem-se à aprendizagem satisfatória de todos os nossos estudantes, segundo o currículo estabelecido, e ao consequente desenvolvimento cognitivo, afetivo e psicomotor de cada um. Para investir na busca do sucesso em nossas práticas de ensino, de início, importa compreender como o estudante aprende, a fim de que possamos agir, de forma adequada, com base nessa compreensão.

Pela aprendizagem, construímos dentro de nós — como nossos estudantes dentro de si mesmos — as habilidades necessárias para estar e agir no mundo da forma mais satisfatória possível. As aprendizagens constroem os algoritmos neurológicos de nossas habilidades mentais, afetivas, emocionais e motoras. Para tanto, importa que o ensino-aprendizagem tenha a característica fundamental de realizar-se ativamente. Nosso sistema nervoso cria os algoritmos de memória a serem utilizados quando necessário, de forma, ao mesmo tempo, compreensiva e ativa.

O sistema nervoso de cada um de nós, segundo estudos recentes, tem bilhões de células nervosas, denominadas neurônios[1]. Essas

---

1. Cientistas brasileiros conseguiram pela primeira vez contar com precisão quantos neurônios existem no cérebro humano. A descoberta que pode mudar, no futuro, o tratamento de doenças associadas ao cérebro foi feita pelos neurocientistas Suzana Herculano-Houzel e Robert Lent, da Universidade Federal do Rio de Janeiro (UFRJ). (...). Os neurocientistas estudaram cérebros sadios de homens entre 50 e 70 anos durante seis anos de pesquisas. De acordo com o estudo, temos 86 bilhões de neurônios em nosso cérebro. Até então a ciência achava que tínhamos 100 bilhões, mas era um número aproximado, sem comprovação científica. Os cientistas descobriram também que o nosso cérebro é maior do que o dos primatas, mas isso não significa que somos especiais. O número dos nossos neurônios é compatível com a dimensão cerebral que temos. Outra descoberta importante é que 50% das células que estão na caixa craniana são neurônios, e não 10%, como pensavam os estudiosos (http://noticias.terra.com.br/ciencia/interna/0,,oi3585927-ei8147,00cientistas+descobrem+numero+de+neuronios+do+cerebro+humano.html — Acesso em: 14 out. 2017.

células se conectam entre si, ativamente, através de sinapses, atividade própria do cérebro, formando os algoritmos de memória, que, após formados, permanecem disponíveis para acesso quando necessário. Para compreender isso, basta prestar um pouco de atenção em nossas atividades no cotidiano.

No caso, nós, habitualmente, não permanecemos com todas as informações e habilidades adquiridas ao longo da vida, sempre ativas conscientemente. Quando não necessitamos delas, "dormem" no subconsciente; contudo, ao necessitarmos das mesmas, são prontamente acessadas e, dessa forma, utilizadas durante o tempo que delas tivermos necessidade; a seguir, elas se aquietam novamente no subconsciente, à espera de outro momento em que se fizerem necessárias.

Podemos dizer que os conhecimentos e habilidades que adquirimos pela aprendizagem ativa permanecem "arquivados" em nosso sistema de memória e, quando necessário, são acessados e utilizados no limite da necessidade. Cessada a necessidade, nossos "arquivos" de memória recolhem-se novamente ao subconsciente, à espera de que, em outro momento, quando novamente requisitadas, as informações e habilidades adquiridas sejam novamente acessadas e utilizadas.

Em princípio, a possibilidade de uso de nossa memória é quase que infinita, até o momento da morte de cada um de nós, momento em que nosso cérebro deixará de funcionar; contudo, também existem intercorrências de estados de saúde que, de alguma forma, podem afetar nosso sistema nervoso e, então, se isso ocorrer, também nossa memória será afetada, tais como a doença de Alzheimer, os acidentes que afetem diretamente o sistema nervoso, a redução da memória em decorrência da idade, entre outros.

Como essa memória é criada? Pela conexão entre os neurônios, realizada no dia a dia através das aprendizagens, que são ativas, ou seja, exercitadas e, ao mesmo tempo, compreendidas. Aprendemos praticando e entendendo aquilo que ocorre na prática ou iniciando pelo entendimento daquilo que outros já sabem (exposição) e, a seguir, praticando. O certo é que a compreensão teórica e sua prática, conjuntamente, são fatores fundamentais para a apropriação de conhecimentos e habilidades, assim como para viver a vida da melhor forma possível para cada um de nós.

O ensino pode ser iniciado pela abordagem teórica, fator que, para a aprendizagem efetiva, exigirá, em seguida, exercícios práticos com o referido conteúdo. Contudo, se invertermos a equação, iniciaremos pela prática, seguida de uma elaboração teórica. Afinal, esses dois caminhos articulados da aprendizagem — compreensão teórica/prática ou prática/compreensão teórica — fazem parte da vida de todos nós.

De posse dessa compreensão da dinâmica da aprendizagem, para praticar o ensino-aprendizagem de modo eficiente, importa que o professor tenha presente passos a serem seguidos; passos que emergem da própria compreensão do ato de aprender.

Primeiro passo
— a exposição de conteúdos novos —

Nascemos inseridos no seio de uma cultura e, em seu seio, aprendemos e nos desenvolvemos. Na experiência escolar, nossa aprendizagem, curricularmente definida, se inicia com a recepção da informação já constituída pela humanidade e, para que possamos receber, alguém necessita expô-la; esse é o caminho da "compreensão teoria/prática", sinalizado logo acima.

No caso, os autores dos livros, dos filmes, dos *tapes*, das obras de arte, o professor na sala de aula... todos colocam à frente do aprendiz (expõem) os conteúdos já elaborados, a fim de que sejam assimilados e transformados em habilidades, e, a seguir, novamente transmitidos (levados à frente) para as gerações subsequentes.

O responsável por trazer os conteúdos novos para a sala de aula, herdados da experiência sociocultural da humanidade, é o professor, subsidiado pelos recursos didáticos. O educador pode expor oralmente os novos conteúdos, mas também pode servir-se de recursos que os levem aos estudantes, tais como livros em geral, livros didáticos, enciclopédias, dicionários, documentários cinematográficos, *tapes*, filmes... A exposição (do latim: *ex-ponere* = colocar diante de) é o meio pelo qual o educador faz a mediação entre as heranças socioculturais da humanidade e o estudante, que vai aprender, adquirindo informações e construindo habilidades.

Para que o estudante aprenda, o primeiro passo é garantir que os conteúdos curriculares cheguem até ele, lembrando que a possibilidade de assimilar os conteúdos escolares por parte do estudante depende do seu nível de desenvolvimento etário, biológico-neurológico e também psicológico. Ou seja, importa que os conteúdos expostos sejam adaptados à capacidade dos estudantes de recebê-los, assimilá-los e transformá-los em habilidades propriamente suas.

Nesse contexto, o primeiro passo no ato de ensinar está comprometido com a capacidade do professor fazer chegar ao estudante a herança sociocultural de modo claro, preciso e assimilável. Importa que o novo conteúdo chegue ao estudante como importante, vivo, significativo, ao qual vale a pena investir atenção, energia, entusiasmo e exercitação paciente.

Importa que os olhos do professor brilhem pelo conteúdo que ensina, de tal forma que os estudantes, seus liderados, também possam sentir e considerar esse conteúdo essencial e importante para sua vida. Sem esse brilho nos olhos, que expressa o desejo de investir na aprendizagem nova, certamente a sala de aula se tornará pesada, cansativa, desinteressante, tendo como consequência estudantes com atenção dispersiva, atraídos para outras atividades, desatentos em relação ao conteúdo que está sendo ensinado...

A exposição de um conteúdo novo, como o primeiro passo do ensinar-aprender na sala de aula, necessita ser envolvente; e, certamente, todo e qualquer conteúdo escolar pode ser exposto de modo criativo, vivo e envolvente, ou de modo mortiço, sem vida, sem interesse, desnecessário...

Quando estudante de Filosofia, nos anos 1960, tive um professor que ensinava História da Filosofia Moderna e, entre os autores estudados, estava Immanuel Kant, um pensador alemão, que viveu praticamente no decurso do século XVIII, tendo falecido em 1804. O referido professor iniciou a nos expor a informação de que "o autor ao qual nos dedicaríamos era complexo, hermético, difícil de ser compreendido...". Que apresentação do referido autor, meu Deus! Quem de nós poderia ter interesse por estudar esse autor, desde que sua compreensão era difícil até mesmo para o nosso professor?

Com o tempo, tornei-me professor de Filosofia na Universidade Federal da Bahia e, aqui e acolá, nos múltiplos anos de magistério superior, tive oportunidade de oferecer aulas sobre esse referido autor. Como eu levava os estudantes a iniciar o seu contato com esse pensador? Eu dizia: "Vamos iniciar os estudos sobre Immanuel Kant, filósofo que viveu predominantemente no século XVIII, portanto, no seio da modernidade, que, praticamente, teve seus inícios nos séculos XV e XVI, com o fim da organização da sociedade com um poder único centralizado no rei e o consequente nascimento da organização política, na qual vivemos hoje, com o poder tripartite — executivo, legislativo e judiciário —, período em que, entre outros acontecimentos, tivemos o nascimento da ciência, o renascimento das artes, a ampliação geográfica do mundo europeu com as viagens de descobertas... Pois bem, Kant representa a compreensão filosófica de todo esse movimento. Investir no estudo do pensamento filosófico de Kant significa investir na compreensão daquilo que vivemos hoje em termos de filosofia, de epistemologia, de ética, de estética, de organização política e social... Vamos estudar esse pensador? Juntos, iremos fazer essa jornada".

Observar a diferença entre o convite de meu professor e o convite que eu fazia para meus estudantes para adentrarmos no mundo filosófico de Kant. Um modo mortiço, difícil, carregado de impossibilidades; o outro, vivo, ativo, que abre as portas para um mundo de compreensão e entendimentos sobre a vida moderna, estendendo-se para a contemporânea. Um olho mortiço ou outro brilhando. Afinal, a sala de aula tem um líder, seu professor.

Importa que a exposição tenha vida, convide a todos os estudantes para o prazer de adentrar no âmbito do conhecimento que está sendo exposto. Só podemos ser atraídos para aprender algum conteúdo que possa valer a pena. E... todos valem a pena. Depende de como são apresentados.

Segundo passo
— assimilação dos conteúdos expostos —

Para aprender "ativamente", importa que o estudante assimile o novo conteúdo e, para isso, necessita do suporte do professor.

Por vezes, os conteúdos expostos não são assimiláveis, de imediato, pelo estudante, seja em função da sua novidade ou da sua complexidade, seja em função da linguagem utilizada... Então, caberá ao professor torná-los assimilável, seja tornando a exposição apropriada aos ouvintes, seja auxiliando os estudantes a compreendê-los, através da elucidação de termos, frases e períodos. Sem compreensão do conteúdo exposto, não há possibilidade de assimilação e consequente aprendizagem.

O termo "assimilar" tem sua origem etimológica na língua latina, através da composição *a+simile*, "tornar semelhante a". Quando se assimila um conteúdo, torna-se semelhante a ele. Biologicamente, dizemos que "assimilamos os alimentos", com isso, tornamo-nos semelhantes em suas qualidades nutricionais. Experiência semelhante ocorre com a assimilação de conhecimentos, tornamo-nos semelhantes a eles, por isso, tornam-se nossos.

No decurso da exposição e após ela, o passo da assimilação dependerá do diálogo estabelecido entre professor e estudante, tendo em vista verificar onde o último necessita de auxílio. Esse diálogo será fundamental no contexto de todos os passos do ensino-aprendizagem, aqui expostos, ou seja, nada pode ser assimilado intelectivamente, sem sua assimilação compreensiva.

Observar que, na exposição, o professor é o personagem principal e ativo na relação pedagógica; na assimilação, contudo, o estudante inicia a ser o seu personagem ativo. Afinal, é e será ele quem irá aprender. O professor dá-lhe suporte. Suporte, aqui, significa auxiliar o estudante a compreender o que foi exposto, tomando posse inicial do conteúdo exposto. Diz-se "inicial" devido ao fato de que, nesse estágio, o estudante assimila (compreende) os conteúdos expostos, ou seja, compreende aquilo que lhe fora comunicado. Contudo, vale sinalizar que, sem a assimilação do conteúdo exposto, não há possibilidade de processar sua efetiva aprendizagem.

Caso o estudante não tenha assimilado (tornado seu) o conteúdo novo, através de sua compreensão, os passos seguintes do ensinar--aprender ficarão prejudicados, desde que se assentam na assimilação do conteúdo exposto.

Terceiro passo
— exercitação orientada pelo professor —

O professor cria os exercícios articulados com o conteúdo exposto a ser aprendido pelo estudante, ao mesmo tempo que o orienta, corrige e reorienta, se necessário, tendo em vista tornar o novo conteúdo propriamente seu. O estudante, ao exercitar os conteúdos novos, torna-os propriamente seus, transformando-os em habilidades. A construção de habilidades depende de exercitação em todos os campos da vida humana, desde que o ser humano é um ser ativo.

Vale, aqui, ter presente a abordagem realizada, logo acima, a respeito das questões neurológicas da aprendizagem. A exercitação transforma a informação recebida em habilidade. Ela é o recurso ativo pelo qual se criam os algoritmos de memória que subsidiarão o seu portador em situações futuras.

Toda e qualquer obtenção da efetiva aprendizagem, que implique em uma habilidade, decorre do exercício com um determinado conteúdo. Desse modo, aprende-se a escrever, escrevendo; aprende-se a falar, falando; aprende-se a andar, andando; aprende-se a resolver equações matemáticas, raciocinando matematicamente pelo algoritmo dessa equação, e, assim, em todas as aprendizagens; aprende-se a pular corda, pulando corda; aprende-se a nadar, nadando; aprende-se a falar uma língua estrangeira, falando-a... Caberá ao professor, em sala de aula, propor o exercício, orientar sua prática e corrigir os desvios, quantas vezes houver necessidade até que o estudante aprenda, ou seja, que crie o algoritmo de memória relativo ao conteúdo que está aprendendo, afinal, à habilidade em construção.

Cada um de nós poderá tomar uma habilidade já adquirida pessoalmente — como dirigir um automóvel, falar uma língua estrangeira, usar um recurso da língua nacional, escrever, usar um recurso da informática...; são quase que infinitas as habilidades que possuímos no estágio da vida adulta — e olhar para trás, verificando como a adquiriu. Verificará que foram múltiplos os exercícios praticados, a fim de que a determinada habilidade se tornasse efetivamente sua. O exercício é condição *sine qua non* da aprendizagem efetiva por parte de cada ser humano. E isso não se dá devido alguém desejar ou não. Dá-se em função de nossa estrutura neurológica. É natural, na espécie humana, que assim o seja.

Quarto passo
— aplicação dos conteúdos aprendidos —

Após tornar-se senhor de um conteúdo novo, através da assimilação e da exercitação, o estudante pode e deve aprender a realizar aplicações desse conteúdo em diversos campos, seja da área de conhecimento com a qual está trabalhando, seja dos diversos campos da vida, tendo em vista torná-lo mais assentado na memória, assim como torná-lo adaptável a diversos usos possíveis, tendo em vista capacitar o sujeito do conhecimento a solucionar as demandas do cotidiano ou de atividades profissionais. Para tanto, enquanto aprendiz, necessitará da presença do professor, seu parceiro na jornada de aprender, a fim de propor-lhe e orientá-lo em práticas de aplicação dos conhecimentos aprendidos. Certamente que somente em algumas possíveis situações de aplicação, tendo em vista ampliar a compreensão do estudante quanto às possibilidades do conhecimento recém-adquirido; posterior a isso, a vida se encarregará de propor situações que demandarão o uso de conhecimentos adquiridos.

A aplicação de um conteúdo em variados campos da vida amplia uma habilidade adquirida, uma vez que o estudante percebe que ela possibilita outras compreensões, assim como novas possibilidades de ação. Exercícios de aplicação devem estar comprometidos com as possibilidades de uma atual habilidade, conjuntamente com outras habilidades já adquiridas, podendo trazer soluções para questões da ciência, da prática, da vida cotidiana, da cultura. A aplicação de conhecimentos adquiridos, se realizada com cuidado e consistência, possibilita que o ser humano amplie sua capacidade de agir e solucionar problemas. Essas aplicações poderão ocorrer de modo disciplinar (na mesma área de conhecimento) ou de modo interdisciplinar (em conjunto com outras áreas de conhecimento).

Evidentemente que as possibilidades de ampliar a abrangência de aplicação — tanto de conhecimentos adquiridos como de habilidades adquiridas — estão comprometidas com o nível de desenvolvimento de cada aprendiz, seja ele do ponto de vista biológico, neurológico, psicológico ou sociocultural. O que importa, do ponto de vista pedagógico, é que o educador esteja atento a que seus estudantes aprendam a servir-se dos conhecimentos e habilidades aprendidos como recursos úteis para a vida.

Quinto passo
— recriação dos conteúdos aprendidos —

Após o aprendiz adquirir uma habilidade, que soma a compreensão teórica ao modo de agir — exposição + assimilação + exercitação + aplicação —, está apto a *recriar* uma determinada compreensão ou uma determinada habilidade prática, frente aos desafios que se lhe apresentem, assim como poderá partilhar com seus pares as compreensões já sistematizadas ou em sistematização.

Esse passo da aprendizagem pode ser traduzido pela afirmação: "Já sei isso e, então, posso recriar essa compreensão e essa prática tendo em vista novas situações". O aprendido garante a possibilidade de sua recriação.

Um professor, usualmente, para ser um profissional competente no ensino, necessita recriar tudo aquilo que aprendeu, para, a seu modo pessoal, subsidiar seus estudantes a aprender de modo consistente os mesmos conteúdos. De modo semelhante ocorre com todas as aprendizagens.

A recriação conduz ao refinamento de soluções aprendidas ou a soluções novas com base nos conhecimentos existentes e já apossados pelo sujeito da recriação. A recriação tem a ver com possibilidades novas em decorrência dos conteúdos já apropriados. Ela poderá ocorrer individualmente ou em grupo. Individualmente, cada um de nós pode, indefinidamente, recriar aquilo que efetivamente aprendemos.

Nos grupos, os recursos de cada um somam-se aos recursos dos outros, tendo em vista soluções novas.

Sexto passo
— elaboração da síntese —

Todos os passos da aprendizagem, sinalizados anteriormente, conduzem à síntese, que representa a posse plena de um conhecimento novo; é a integração ordenada das múltiplas facetas de uma aprendizagem como um todo. A síntese nem sempre será realizada no decurso de cada uma das aprendizagens escolares, desde que elas são parciais. Usualmente, em razão de expressar uma integração de partes, a síntese demandará mais tempo, mais investimentos criativos por parte do estudante, como de seu parceiro, o professor.

Importa observar que, à medida que os passos do ensino-aprendizagem seguem o seu curso, o aprendiz (estudante) vai tomando conta do processo e o professor deve prosseguir acompanhando-o e oferecendo-lhe suporte para que faça seu caminho pessoal de conhecimento e, pois, constitua sua autonomia e sua independência.

No primeiro passo — exposição —, o professor tem o predomínio; contudo, do segundo passo em diante — assimilação —, quem tem o predomínio ativo é o aprendiz; afinal, é ele quem aprende e estrutura seu próprio algoritmo neurológico de memória relativo aos conhecimentos e habilidades adquiridos, registrados neurologicamente em sua memória, dentro de si. O professor, então, é seu parceiro de jornada, tendo em vista sua independência completa. O caminho da aprendizagem vai da dependência para a independência e, consequentemente, para a parceria, em que todos contribuem.

Os algoritmos neurológicos da memória — que, quando necessário, serão acessados na vida cotidiana — são construídos por meio das sinapses entre milhares e milhares de neurônios no seio do sistema nervoso do estudante, pelo exercício ativo de aprender. O professor será somente seu parceiro nesse caminhar pela aprendizagem. A aprendizagem pertence ao aprendiz; o ensino, como condição para a aprendizagem, no contexto escolar e acadêmico, pertence ao âmbito da ação do professor.

Os passos, acima indicados, no processo de ensinar e aprender, não necessariamente seguirão a sequência na ordem apresentada — 1º, 2º, 3º... —; pode-se iniciar o ensino por qualquer um deles, contudo, a aprendizagem efetiva dependerá de todos eles, pelo menos até o quinto passo. Podemos iniciar por uma atividade (exercício ou aplicação) e, então, o estudante perguntará — "Mas, como se compreende isso?" — e, no caso, haverá necessidade de se retornar à exposição, isto é, retomar a herança sociocultural já trilhada e elaborada pela humanidade, que contém os conceitos dos quais se está necessitando, tendo em vista compreender e agir do modo como se está solicitando. Poderá, ainda, se iniciar por uma "síntese" e, então, haverá necessidade de se retomar "as partes" para se compreender a síntese, desde que ela contém a reorganização dos conhecimentos adquiridos. O que importa não é a ordem dos passos, mas sim que eles sejam eficientemente utilizados, a fim de que a aprendizagem se faça de modo ativo, consistente e satisfatório.

Caso nos sirvamos desses passos, com a sustentação temporal necessária — cada estudante precisará de tempo para aprender aquilo que lhe é ensinado, em conformidade com a posse de recursos cognitivos prévios e em conformidade com sua modalidade pessoal de aprender — todos os estudantes aprenderão o necessário. Todos aprenderão, se forem bem ensinados, o que significa que o educador necessita, efetivamente, ocupar o seu papel de educador, isto é, de estar disponível para dar suporte ao estudante em seu itinerário de aprender.

Poder-se-á, então, perguntar pelas singularidades de cada um. Nesse caso, importa ter presente que temos nossas singularidades, mas, ao mesmo tempo, importa ter presente que temos uma universalidade no que se refere à nossa constituição biológica e neurológica, claro, com pequenas nuances; mas nada que efetivamente impeça alguém de aprender através de atividades. Nos processos coletivos de ensinar e aprender, cada um, seguindo sua individualidade, tomará posse de novas e novas habilidades, certamente, sempre com base em suas características individuais.

Sabe-se que o *Homo sapiens*, desde 70 mil anos atrás, já tinha a estrutura neurológica que temos hoje com os bilhões de células nervosas, que viabilizam a aprendizagem. Podemos, sim, trabalhar coletivamente com nossos estudantes — afinal, nossas salas de aula são coletivas e operadas com o ensino simultâneo — e, ao mesmo tempo, atender às nuances pessoais, que, aqui e acolá, demandarão esse cuidado. Certamente um grande grupo de estudantes com os quais atuamos aprenderão com nossos cuidados, todavia alguns, por variadas razões, demandarão cuidados específicos, que não devem lhes ser negados. Nosso papel, se desejamos que todos aprendam, será não desistir de nenhum deles.

Concluindo

Integrando as teorias pedagógicas em sua compreensão e em sua ação, a conduta pedagógica de cada professor em sala de aula está para além de cada uma delas e de todas elas no seu conjunto. Cada professor com os recursos de sua individualidade, adquiridos no decorrer do caminho biográfico pessoal, com todos os percalços positivos e negativos, tem um modo próprio de agir que é só seu. Ainda que tenha semelhanças com as condutas de muitos outros educadores — e é natural que assim o seja desde que todos são educadores —, o seu modo de agir é exclusivamente seu, expressão de sua individualidade.

Nesse contexto, importa que tenha a capacidade de acolher, nutrir, sustentar e confrontar amorosamente seus estudantes, a fim de que cada um deles também faça o caminho pela vida, estabelecendo seus modos pessoais de entender e agir. Para tanto, importa que tenha presente que, ao ensinar, necessita servir-se de passos-guias que lhe darão suporte para agir pedagogicamente, tais como expor conteúdos novos, auxiliar a assimilar, exercitar, aprender a aplicar, fazer sínteses, recriar; passos que não necessariamente deverão ocorrer em sequência, porém todos eles são essenciais para que uma aprendizagem se faça, transformando informações em habilidades.

Importa estar ciente de que cada educador necessita apropriar-se das teorias científicas e pedagógicas necessárias à sua atuação profissional, como estar ciente de que seu modo de agir pedagogicamente é pessoal, intransferível, para além e, ao mesmo tempo, integrando as variadas abordagens teóricas disponíveis. Então, cada educador, em seu agir pedagógico, expressará, *de modo pessoal*, as compreensões teóricas hoje disponíveis nesse campo de conhecimentos. Cada educador, em sua singularidade, expressará um modo universal de cuidar dos seus aprendizes. O *universal* tem sua base nos conhecimentos críticos próprios da área pedagógica e de ensino, a *singularidade*, porém, no modo pessoal de agir que necessita ser amoroso e comprometido com a aprendizagem de todos e de cada um dos estudantes sob sua responsabilidade.

As teorias filosóficas, políticas, sociológicas, históricas, neurológicas, psicológicas, relativas à educação e ao ensino são extremamente necessárias, contudo, significarão muito pouco caso não estejam integradas em cada momento de ação do educador junto aos seus estudantes. Não basta ter conhecimentos a respeito das teorias, importa que elas sejam assimiladas e se transformem no sangue que alimenta a vida e o modo de agir do educador em sala de aula.

Afinal, para além de todas as teorias, o educador.

ENCERRANDO ESTE ESTUDO

Este livro, para mim, constitui um marco que representa cinquenta anos de vínculo com a temática da avaliação em educação, iniciado em meados dos anos de 1968, durante meus estudos de graduação em Filosofia, com a disciplina "Complementos Pedagógicos", ministrada pelo professor Godeardo Baquero, na Faculdade Nossa Senhora Medianeira, mantida pelos padres jesuítas, em São Paulo. Com ele, partilho a síntese amadurecida das compreensões teórico-práticas que amealhei a respeito do tema da avaliação em educação. Este escrito expressa o que aprendi e que partilho com todos.

Espero e desejo que a leitura dos capítulos deste livro possa ter contribuído, de alguma forma, para a compreensão que cada leitor tenha da temática abordada, assim como espero e desejo que, através das múltiplas leituras, o modo de agir junto aos nossos estudantes, no que se refere à avaliação da aprendizagem, ganhe incrementos no sentido de que ela possa passar a ser vista e utilizada como parceira na conquista dos resultados desejados por todos: gestores da educação, professores, estudantes, familiares, a sociedade.

Fico agradecido a todos aqueles que se dispuserem a utilizar um tempo de seu cotidiano para adentrar nos capítulos deste livro. Meu desejo pessoal é de que todos ganhemos com isso: educadores, pais, estudantes, a sociedade.

Gratidão a todos!

REFERÊNCIAS

BAQUERO, Godeardo. *Testes psicométricos e projetivos*: esquemas para construção e análise de avaliação. São Paulo: Loyola, 1968.

BARTOLOMEIS, Francesco de. *Avaliação e orientação*: objetivos, instrumentos e métodos. Lisboa: Livros Horizontes, 1981.

BASTOS, Lilia Bastos; PAIXÃO, Lyra; MESSICK, Rosemery Grives. *Avaliação educacional*: planejamento, análise dos dados, determinação de custos. Petrópolis: Vozes, 1977.

_____. *Avaliação educacional II*: perspectivas, procedimentos, alternativas. Petrópolis: Vozes, 1978.

BLOOM, Benjamin S. et al. *Taxionomia de objetivos educacionais*: domínio cognitivo. Porto Alegre: Globo, 1973.

_____. *Taxionomia de objetivos educacionais*: domínio afetivo. Porto Alegre: Globo, 1972.

BLOOM, B. S.; HASTINGS, J. T.; MANDAUS, J. F. *Manual de avaliação formativa e somativa do aprendizado escolar*. São Paulo: Pioneira, 1983.

CHATEAU, Jean. *Os grandes pedagogistas*. São Paulo: Companhia Editora Nacional, 1978.

COMÊNIO, John Amós. *Didática magna*. Lisboa: Fundação Calouste Gulbenkian, 1957.

_____. *Leges scholae bene ordinatae*, tradução de Giuliana Limiti, sob o título "*Norme per un buon ordinamento delle scuole*", publicado em Studi e Testi Comeniani. Roma: Edizioni dell'Ateneo, 1965, p. 47-107.

DANILOV, M. A.; SKATKIN, M. N. *Didactica de la escuela media*. Habana: Editorial Pueblo y Educación, 1985.

EBY, Frederick. *História da moderna educação*: teoria, organização e práticas educacionais (séc. XVI-séc. XX). Porto Alegre: Globo, 1970.

FRANCA, Leonel. *O método pedagógico dos jesuítas*. Rio de Janeiro: Agir, 1952. Este livro contém a tradução da *Ratio Studiorum*.

FOUCAULT, Michel. *Vigiar e punir*. 7. ed. Petrópolis: Vozes, 1989.

FRONDIZI, Rizieri. *Que son los valores?* México: Fondo de Cultura Económica, 1958.

GRAMSCI, Antonio. *Os intelectuais e a organização da cultura*. Rio de Janeiro: Civilização Brasileira, 1979.

GRONLUND, Norman E. *Elaboração de testes de aproveitamento escolar*. São Paulo: Editora Pedagógica Universitária, 1974.

_____. *Elaboração de testes para o ensino*. São Paulo: Pioneira, 1979.

_____. *Sistema de notas na avaliação do ensino*. São Paulo: Pioneira, 1979.

HOFFMAN, Jussara. Avaliação mediadora: uma prática da construção da pré-escola à universidade. Porto Alegre, *Educação e Realidade & Revista e Livros/UFRGS*, 1993.

LIBÂNEO, José Carlos. *Democratização da escola pública*: pedagogia crítico-social dos conteúdos. São Paulo: Loyola, 1985.

LUCKESI, Cipriano Carlos. *Avaliação da aprendizagem escolar*: estudos e proposições. 22. ed. São Paulo: Cortez, 2012.

_____. *Avaliação da aprendizagem*: componente do ato pedagógico. São Paulo: Cortez, 2011.

_____. *Avaliação da aprendizagem na escola*: reelaborando conceitos e recriando a prática. 2. ed. Salvador: Malabares Comunicação e Eventos Ltda., 2005.

_____. *Educação, avaliação qualitativa e inovação* — II Série Documental, Textos para Discussão. n. 37, ano 2012, Inep. Disponível em: <www.publicacoes.inep.gov.br/arquivos/%7B37A31349-999C-4F13-A56E-E5DEAF09ED11%7D_TD%2037.pdf>. Acesso em: 18 jun. 2018.

_____. *Sobre notas escolares*: distorções e possibilidades. São Paulo: Cortez, 2014.

MADAUS, George F.; SCRIVEN, Michael; STUFFLEBEAM, Daniel L. Program Evalution: a historical overvew. In: *Evaluation models*: viewpoints on educational and human services evalution. Boston: Kluwer-Nijhoff Publishing, 1983, p. 3-22.

MANACORDA, Mario Alighiero. *História da educação*: da antiguidade aos nossos dias. São Paulo: Cortez/Autores Associados, 1989.

PERRENOUD, Philippe. *Avaliação*: da excelência à regulação das aprendizagens — entre duas lógicas. Porto Alegre: Artes Médicas, 1999.

POPHAM, W. James. *Avaliação educacional*. Porto Alegre: Globo, 1983.

ROMÃO, José Eustáquio. *Avaliação dialógica*: desafios e perspectivas. São Paulo: Cortez, 1998.

SAUL, Ana Maria A. *Avaliação emancipatória, desafio à teoria e à prática de avaliação e reformulação de currículo*. São Paulo: Cortez/Autores Associados, 1988.

SAVIANI, Dermeval. *Escola e democracia*. 22. ed. São Paulo: Cortez/Autores Associados, 1989.

SOUZA, Sandra Maria Zákia Lian. *Avaliação da aprendizagem na escola de 1º grau*: legislação, teoria e prática. Dissertação (Mestrado) — PUC, São Paulo, 1986, v. I e II.

TYLER, Ralph W. *Princípios básicos de currículo e ensino*. Porto Alegre: Globo, 1974.

_____. A Rationale for Program Evalution. In: MADAUS, G.; SCRIVEN, M.; STUFFLEBEAM, D. *Evaluation models*: vewpoints on educational and human services evaluation. Boston: Kluwer-Nijhoff Publishing, 1983, p. 67-78.

VASCONCELOS, Celso. *Avaliação*: concepção dialética-libertadora do processo de avaliação escolar. São Paulo: Libertad — Centro de Pesquisa, Formação e Assessoria Pedagógica, 1994.

_____. *Avaliação*: superação da lógica classificatória e excludente — do "é proibido reprovar" ao é preciso garantir a aprendizagem. São Paulo: Libertad — Centro de Pesquisa, Formação e Assessoria Pedagógica, 1998.

_____. *Avaliação da aprendizagem*: práticas de mudança — por uma práxis transformadora. São Paulo: Libertad — Centro de Pesquisa, Formação e Assessoria Pedagógica, 2003.

VIANNA, Heraldo Marelim. *Testes em educação*. São Paulo: Ibrasa, 1973.

_____. *Introdução à avaliação educacional*. São Paulo: Ibrasa, 1989.

VASQUEZ, Adolfo Sanchez. *Ética*. Rio de Janeiro: Paz e Terra, 1978.